時間よ、止まれ。

女優・武井咲と
その時代

Ryuho Okawa
大川隆法

本霊言は、2014年12月27日、教祖殿 大悟館にて、
質問者との対話形式で公開収録された(写真上・下)。

まえがき

今年最初に出す本が女優・武井咲さんのものになってしまった。これがどういう意味を持つことになるのかはまだ分からない。本書の元になったビデオ映像を観《み》た当会の女優が、最初感動し、その後、悔《くや》しくて泣いた、と聞くと、マスター兼グループＣＥＯの私の胸もかすかにゆらめいてくるのが感じられる。

しかし武井咲さんには、ゲーテの「時間よ、止まれ。」という言葉や、社会現象を分析する社会学者が使うような「女優・武井咲とその時代」という言葉を私から引き出してくる潜在的なポテンシャルを感じている。

世間では悪女が演じられる女優を高く評価するむきもある。確かに演技としては難度は高かろう。しかし清純派の本格女優で、大作を押し切ってしまえる方が登場したなら、それもまた地上を天国化する大きな力となるのではなかろうか。新しい美の時代の到来を期待する。

二〇一五年　一月六日

幸福《こうふく》の科学《かがく》グループ創始者兼総裁《そうししゃけんそうさい》　大川隆法《おおかわりゅうほう》

時間よ、止まれ。

目次

まえがき　1

時間よ、止まれ。
――女優・武井咲《たけいえみ》とその時代――

二〇一四年十二月二十七日　収録
東京都・幸福の科学　教祖殿《きょうそでん》　大悟館《たいごかん》にて

1

女優・武井咲の守護霊《しゅごれい》に人気の秘密を訊《き》く　13
人気上昇中の若手女優・武井咲に注目する理由は？　13
これまでに幸福の科学で「研究対象」にしてきた芸能人　16
「全日本国民的美少女コンテスト」で芸能界入りした武井咲　19
天才少女や聖女《せいじょ》、ドジ役まで芸の幅《はば》を広げている期待の女優　23

「時間よ、止まれ。」というタイトルに込められた願い　25
女優・武井咲の守護霊を招霊《しょうれい》する　27

2
ピュアで謙虚《けんきょ》な武井咲守護霊　30
周りの方々への感謝を語る武井咲守護霊　30
女優・武井咲の「純粋《じゅんすい》さ」「ピュアさ」の秘密とは　34
映画「クローバー」での役柄《やくがら》を振《ふ》り返る　37
映画の撮影《さつえい》中に自問自答していたこと　43
「私は自力《じりき》じゃなくて、ほとんど他力《たりき》に近い」　46
映画「るろうに剣心《けんしん》」に出演して思うこと　51

3
武井咲がオーディションに通る理由　57
「オーディションの通り方」を訊かれるのは〝厳しい質問〟　57

オーディションに臨《のぞ》むに当たって「努力」していること　61
「全日本国民的美少女コンテスト」に応募《おうぼ》した「いきさつ」　64
武井咲守護霊が語る「自分像」　68

4 女優・武井咲の演技の秘密　75

十六歳《さい》ぐらいから変わった「仕事への認識」　75
「演じる自信のない役」を演じるときに感じていること　76
事務所は、売れる前の姿から「その人の未来」を見ている　79
「私は人の期待を裏切るのは嫌《きら》いなんです」　83
「時間よ、止まれ。」という題に対して厳しさを感じる　86
武井咲守護霊が語る女優としての現在と未来　88
俳優・松坂桃李《まつざかとおり》に見る「人気を保つために必要なこと」　90
「いずれ、武井咲のままで様《さま》になるような女優になりたい」　92

5 役の幅を広げるための「勉強」について 95

芸能界は「強い者がさらに強くなる世界」 95

「チャンスは多いが、『厳しさ』という意味での格差もすごい」 98

芸能界で強くなってきたときに必要な「武器」とは 101

プロになるためには「度胸」が要《い》る 104

6 家族の支えについて 106

「家族の支え」と「家族の反対」に対する考え方 106

7 武井咲の「オーラ」の秘密 110

「オーラ」の強弱が視聴率《しちょうりつ》に影響《えいきょう》を与《あた》えている？ 110

「希望を持たせる力がオーラだと思う」 112

映画「るろうに剣心」の神谷《かみや》薫《かおる》役でどのような希望を与えたか 114
「権威《けんい》に挑戦《ちょうせん》して結論を変えていく」という最近のトレンド 116
「多くの方々に自己投影《とうえい》していただき、希望を与えたい」 118

8 女神《めがみ》の世界からやってきた武井咲 120

「女神界」とは、どのような関係があるのか 120
「神様の代役」として天上界《てんじょうかい》の愛や希望を降ろす役割 122
芸能系も「神様の仕事の一部」 125
「大衆布教《ふきょう》」においては活字の十倍以上の力がある映像の世界 128

9 武井咲の衝撃《しょうげき》の過去世《かこぜ》とは 132

「叩《たた》かれるかも」と過去世を明かしたがらない武井咲守護霊 132
直前世《ちょくぜんせ》はアメリカ映画で活躍《かつやく》した世界的大女優 136

10

日本での転生《てんしょう》は大阪城《おおさかじょう》に深く縁《えん》のある女性　143
ドラマで不本意な描かれ方をされた過去世　149
あの世ではエル・カンターレをお世話する者の一人　152
「今後も女優として生き残れるか分からないから話せない」　155
「私は『美や愛や希望の世界』を中心に生きている者」　157

日本発、世界で活躍する女優へ　163

日本発で世界まで行くであろう女優・武井咲　163
最初は小さくとも、努力して道を拓《ひら》いていこう　165

あとがき　170

「霊言現象《れいげん》」とは、あの世の霊存在の言葉を語り下ろす現象のことをいう。これは高度な悟《さと》りを開いた者に特有のものであり、「霊媒現象《れいばい》」（トランス状態になって意識を失い、霊が一方的にしゃべる現象）とは異なる。外国人霊の霊言の場合には、霊言現象を行う者の言語中枢《ちゅうすう》から、必要な言葉を選び出し、日本語で語ることも可能である。

また、人間の魂《たましい》は原則として六人のグループからなり、あの世に残っている「魂の兄弟」の一人が守護霊《しゅごれい》を務めている。つまり、守護霊は、実は自分自身の魂の一部である。したがって、「守護霊の霊言」とは、いわば本人の潜在《せんざい》意識にアクセスしたものであり、その内容は、その人が潜在意識で考えていること（本心）と考えてよい。

なお、「霊言」は、あくまでも霊人の意見であり、幸福の科学グループとしての見解と矛盾《むじゅん》する内容を含《ふく》む場合がある点、付記しておきたい。

時間よ、止まれ。
女優・武井咲とその時代

2014年12月27日　収録

東京都・幸福の科学 教祖殿《きょうそでん》 大悟館《たいごかん》にて

武井咲《たけいえみ》（一九九三〜）

女優、タレント、ファッションモデル。十二歳で第十一回全日本国民的美少女コンテストでモデル部門賞およびマルチメディア賞を受賞し、芸能界デビュー。雑誌の専属モデルを務めたほか、二〇一三年にはタレントCM起用社数ランキング一位を獲得《かくとく》し、「CM女王」となる。また、テレビドラマ「アスコーマーチ」「平清盛《たいらのきよもり》」「戦力外捜査官《そうさかん》」、映画「愛と誠」「るろうに剣心《けんしん》」「今日、恋《こい》をはじめます」等、次々と出演し、女優として人気急上昇《じょうしょう》中。

質問者　竹内久顕《たけうちひさあき》（幸福の科学宗務《しゅうむ》本部第二秘書局局長代理）

小田正鏡《おだしょうきょう》（幸福の科学専務理事〔メディア文化事業局担当〕

ニュースター・プロダクション株式会社代表取締役《とりしまりやく》）

愛染美星《あいぜんみほし》（幸福の科学メディア文化事業局スター養成部担当参事）

［質問順。役職は収録時点のもの］

1　女優・武井咲《たけいえみ》の守護霊《しゅごれい》に人気の秘密を訊《き》く

人気上昇中の若手女優・武井咲に注目する理由は？

大川隆法　今日は、女優の武井咲《たけいえみ》さんについて、少し研究してみたいと思っています。

幸福の科学では、女優としては菅野美穂《かんのみほ》さんや深田恭子《ふかだきょうこ》さんなど、すでにかなり確立したキャリアを持った方も研究していますが、今日、対象に取り上げた武井咲さんは、このクリスマスの二〇一四年十二月二十五日に、二十一歳《さい》になったばかりとのことです。最近、当会が霊言《れいげん》を収録した芸能人としては高倉健《たかくらけん》さん（『高倉健　男のケジメ』〔幸福の科学出版刊〕参照）等もいましたけれども（笑）、年齢《ねんれい》的に見ると、今まで出したもののなかでも異様に若い方であるわけです（注。これまでに、高倉健の霊言や、堺雅人《さかいまさと》、唐沢寿明《からさわとしあき》、木村拓哉《きむらたくや》、岡田准一《おかだじゅんいち》、菅野美穂、深田恭子、栗山千明《くりやまちあき》らの守護霊《しゅごれい》霊言を収録し、書籍《しょせき》化している）。

この年代層では、今、ものすごく多くの人が、スターを目指して激甚《げきじん》な競争をしているところだろうと思います。

ベテランの俳優・女優の方からすれば、「二十五歳、三十歳、それ以降、結婚《けっこん》あるいはスキャンダルなど、さまざまなことがあろうから、それを乗り越《こ》え、大女優として生き残れるかどうかは、もう少し見ないと分からないのではないか」という見方もあるでしょう。何十年も俳優をしている方が見れば、ここ二、三年で急に人気が出てきたところなので、「そのあたりに注目するというのは、どういうことですか」といった考えも、当然おありかと思うのです。

私にも二人の娘《むすめ》がいますが、この人はその真ん中ぐらいの年齢に当たりますので、あまりよそ様の娘さんに関心を持つと、少々具合の悪いこともあり、今日は〝祟《たた》り〟を恐《おそ》れながら収録に取り組んでいます（笑）。

そのようなわけで、本日は、本当は演技論等の理論で攻《せ》めたいところなのですが、ちょっとそこまでは固まり切らないでいます。

幸福の科学グループにおいても、「スター養成スクール」というところでスターの卵を教育しており、今日の質問者である愛染美星《あいぜんみほし》さんがその責任者をしています。そこでは子役から養成し、そこから巣立った人があちこちのプロダクションに入り、いろいろな映画やドラマに出始めています。また、「ニュースター・プロダクション」（NEW　STAR　PRODUCTION）という自前のプロダクションもあり、質問者の小田正鏡《しょうきょう》さんが社長をしています。

ただ、まだあまり知られていませんし、それほど多くのタレントを持っているわけでもありませんので、この機会に名前ぐらいは少し売っておこうかとは思っているわけです（笑）。

これまでに幸福の科学で「研究対象」にしてきた芸能人

大川隆法　先般《せんぱん》、その「スター養成スクール」出身で、「ニュースター・プロダクション」所属である看板スターの一人から、「大川先生は、なぜ武井咲さんをそう高く評価されるんですか」という問い合わせを受け、「演技論として理論的に何か説明をしなければいけない」と思いつつも、まだ十分に理論化ができていません。「どうしてそこまで関心を持てるのか」ということについては、自分でもまだ十分には納得《なっとく》のいかないところがあります。

もっとベテランの方がたくさんいますし、そちらを先に行《おこな》っても構わないのですが、ここ二、三年の急成長ぶりにはすごいものを感じるのです。その、若くして成功したり急成長したりしていく人の「魅力《みりょく》」や「秘密」、あるいは「考え方」

や「態度」「コツ」のようなものが、もしかしたら何かあるかもしれないという気もします。それが先天的なものなのか、それとも後天的な努力もあるのかについて、まずは少し事例研究をするべきかと思うわけです。

男性でも、堺雅人さんや、映画「イン・ザ・ヒーロー」の唐沢寿明さんといった人については、みな、文句《もんく》なしに「上手でしょう」と言うし、岡田准一さんも、なかなかの実力者として、今、株を上げてきているところでしょう（『堺雅人の守護霊が語る 誰《だれ》も知らない「人気絶頂男の秘密」』『「イン・ザ・ヒーローの世界へ」――俳優・唐沢寿明の守護霊トーク――』『人間力の鍛《きた》え方』〔いずれも幸福の科学出版刊〕参照）。

亡《な》くなった高倉健さんについては今さら言うまでもありませんけれども、国際的に評価を受けているようであり、私のほうが十分に勉強できていなかったにもかかわらず、死後、向こうからお出《い》でになったので、霊言としてご紹介《しょうかい》しました

次々と発刊されている芸能人の霊言・守護霊霊言

『時間よ、止まれ。』
（武井咲守護霊）

『魅せる技術』
（菅野美穂守護霊）

『「神秘の時」の刻み方』
（深田恭子守護霊）

『堺雅人の守護霊が語る　誰も知らない「人気絶頂男の秘密」』

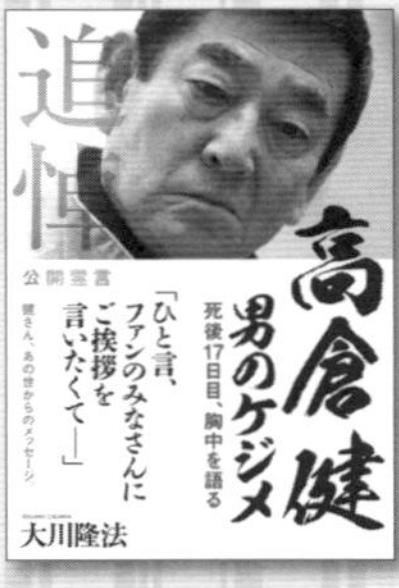

『高倉健　男のケジメ』

『「イン・ザ・ヒーローの世界へ」―俳優・唐沢寿明の守護霊トーク―』

『俳優・木村拓哉の守護霊トーク「俺《オレ》が時代《トレンド》を創る理由《わけ》」』

『人間力の鍛え方』
（岡田准一守護霊）

『ＮＨＫ「幻解！超常ファイル」は本当か』
（栗山千明守護霊）

〈すべて幸福の科学出版〉

（前掲《ぜんけい》『高倉健　男のケジメ』参照）。

また、菅野美穂さんも、すでにかなりの熟練度であり、評価としてはある程度固まっているかとは思います（『魅せる技術』〔幸福の科学出版刊〕参照）。

それから、深田恭子さんは、今は弁護士役（テレビドラマ「女はそれを許さない」〔二〇一四年〕）などもしておられましたが、ああいう社会派に変身しつつ、まだまだ続けていこうとしているところであり、実力はある程度認められているのではないでしょうか（『「神秘の時」の刻み方』〔幸福の科学出版刊〕参照）。

「全日本国民的美少女コンテスト」で芸能界入りした武井咲

大川隆法　武井咲さんの場合は、すでにたくさん出ています。

中学生時代に、「全日本国民的美少女コンテスト」のモデル部門とマルチメディア部門で二冠《にかん》を得て芸能界入りし、モデルの仕事から始めて、ドラマの脇役《わきやく》として幾《いく》つか出演してから、本格的に出てきたところでしょう。コマーシャルにもよく出ておられるようです。

それから、他の本（『実戦起業法』〈幸福の科学出版刊〉参照）でも紹介したことがありますけれども、「アスコーマーチ～明日香《あすか》工業高校物語～」（二〇一一年）という連続テレビドラマでは、工業高校に入ってしまった美少女の役を主演しました。

また、ＮＨＫの大河《たいが》ドラマ「平清盛《たいらのきよもり》」（二〇一二年）では常盤御前《ときわごぜん》の役をしています。

映画では、「愛と誠」（二〇一二年）にお

大河ドラマなど、さまざまなテレビドラマに出演

大河ドラマ「平清盛」（NHK）では、都の美女千人のうち一番の美女であった常盤御前役。のちに源義朝の側室になり、義経らの母となる。さらに、義朝亡きあと、平清盛がその美しさに心を動かされ、局を与えられたという。

「アスコーマーチ～明日香工業高校物語～」（テレビ朝日／MMJ）

いて、質問者の竹内さんそっくりの（笑）、主人公・太賀誠《たいがまこと》の相手役である早乙女愛《さおとめあい》の役として初主演しました。イエス・キリストを女性にしたような聖女のような役を、ちょっとコミカルな部分も入れながら演じるというので、非常に注目されました。

特に今年（二〇一四年）は、ヒロインの神《かみ》谷薫《やかおる》役を演じた、映画「るろうに剣心《けんしん》」の続編が「京都大火《たいか》編」と「伝説の最期《さいご》編」の前後編二部作として上映されていますが、主人公である伝説の剣客《けんかく》・緋村《ひむら》剣心役を演じた佐藤《さとう》健《たける》君とのペアもよかったと思います。

大作映画でヒロインを熱演する武井咲

「るろうに剣心」（ワーナー・ブラザース映画　原作：和月伸宏）

「愛と誠」（角川映画／東映　原作：梶原一騎・作画：ながやす巧）

前後編の両作を合わせれば、製作費は三十億、シリーズ興行収入も百億円を超《こ》えていると言われ、日本映画としては超弩級《ちょうどきゅう》の作品で、スケール的にも、面白《おもしろ》さにおいても、ハリウッド級だったと思うのです。

こういう、かなりの重さのある映画のヒロインを演じたわけですが、「当時、まだ二十歳でその重さに耐《た》えたというのは、やはり、かなりの器《うつわ》である」と感じます。

もちろん、もともと度胸もよく、美人ですけれども、演技力についても、「どこが違《ちが》うのか」など、注目して見ているところもいろいろとあるわけです。

確かに、大きな動きをけっこう大胆《だいたん》に演じられる方でもありますし、役柄《やくがら》としても、例えば、「るろうに剣心」では、剣術道場をしていた亡き父が遺《のこ》した娘で師範代《しはんだい》を務める役でしたが、そういったキリッとしていて気迫《きはく》のある、凛《りん》とした感じの女性の役が非常に似合う方でもあります。

天才少女や聖女《せいじょ》、ドジ役まで芸の幅《はば》を広げている期待の女優

大川隆法　一方では、天才少女のような役も幾つか演じています。「お天気お姉さん」（二〇一三年）も天才少女でしたし、また、少し前に放送されたドラマ「ゼロの真実～監察《かんさつ》医・松本真《まつもとま》央《お》～」でも、アメリカで飛び級をし、二十四歳で監察医をする天才の役も演じました。

最近、放送されたテレビドラマ「すべてがFになる」（二〇一四年）は科学ミステリーですが、そこに女子大生探偵《たんてい》風の役で出ています。いつも謎解《なぞと》きに近いところまで行って、「問題、解け

「お天気お姉さん」（テレビ朝日）

「ゼロの真実～監察医・松本真央～」（テレビ朝日）

ちゃいました！」と言うのですが、天才役である大学の先生のほうとは、ちょっとだけ答えがずれるというような、天才を少し外《はず》した役も演じられています。

そのように、正反対のドジな役もできる方です。うぶなドジ役や聖女を演じたこともある一方で、天才役、またはそれに準ずる役のようなものもしたり、科学的なものに取り組んだりもしており、これから芸の幅《はば》がだんだん広がっていくところではないかと思われます。

そういう意味で、とても注目をしているわけですが、彼女の同世代、十代後半から二十代でスターを目指している方には、もう少しその秘密というか、私が「どういうところを、どう見

「すべてがFになる」（フジテレビ／原作：森博嗣「S&Mシリーズ」）

ているのか」ということについて、やはり関心もあるでしょう。

そこで、やや失礼に当たるかとは思いますけれども、今生きている〝ナマの人〟を研究しようとしているわけです。それは、主として守護霊との話ということになります。まことに申し訳なくも、私どもも仕事の一部として研究中でありますので、何らかの研究対象としての題材になってくだされればありがたいと思います。

「時間よ、止まれ。」というタイトルに込《こ》められた願い

大川隆法　今日は「時間よ、止まれ。」という題を付けましたけれども、これはゲーテの大作『ファウスト』の最後のほうに出てくる、「時間よ、止まれ。汝《なんじ》はあまりにも美しい」という、おそらく、『ファウスト』のなかではいちばん有名な言葉から取りました。これは、ゲーテが約六十年かけて仕上げたと言われる作

品ですが、その言葉をあえて使ってみました。

この女優・武井咲さんは二十一歳になったところですけれども、今、あまりにもよいトレンドに乗っているので、「もう年を取らないで、このまま止まってほしい」というか、「二十五歳、三十歳、その先の年齢になっても、結婚《けっこん》・離婚騒《りこんそう》動《どう》やスキャンダルなど、いろいろな波風で、もみくちゃにされずに、今のこのいい感じのままの武井咲さんで、作品がたくさんできるといいな」というかすかな願いを込《こ》めて付けた題です。これまでに霊言を収録した他の方と比べると、まだ若く、将来は未知数のところがありますので、そうした気持ちで取り上げました。

そのようなわけで、本人に許可を得ているわけでもなく、一方的に行う宗教的な研究ではありますが、特に評判が落ちるようなことはしないつもりです。

ここに、スターを目指している他の人々にとっても、何か参考になるところがあるでしょうし、芸能界のみならず、ほかの分野でも、人と対面して仕事をする多くの人にとっても、人間関係学や、「どうすれば人気や魅力を出せるのか」ということろを知っていれば、やはりいろいろなものに通じていく道がありますので、研究に値《あたい》するのではないかと思います。

ちなみに、今日の私の服を準備してもらったとき、ハートを矢で射貫《いぬ》いたブローチが着けられていたので、「何だ、これは」と言っていたのですが（笑）、立場上、公平無私《むし》でなければなりませんので、極《きわ》めて客観的に、公平に判断をしなければいけないと思っています。

女優・武井咲の守護霊《しゅごれい》を招霊《しょうれい》する

大川隆法　今日は、質問者として、「スター養成スクール」や「ニュースター・プロダクション」の責任者の人も来ていますし、芸能通の人がいます。ほかにも上手に訊《き》いてみたい人はたくさんいるでしょうが、代理でお訊きくだされば幸いかと思います。

それでは、そろそろ行きましょうか。

現在、人気が急上昇《じょうしょう》中の女優・武井咲さんの守護霊《しゅごれい》をお呼びし、その人気の秘密を探《さぐ》ってみたいと思います。

どうぞ、ご協力くださいますよう、心の底よりお願い申し上げます。

女優・武井咲さんの守護霊よ。

女優・武井咲さんの守護霊よ。

どうか、幸福の科学　教祖殿《きょうそでん》　大悟館《たいごかん》に降りたまいて、われらに、そのお心のうちを明かしたまえ。

女優・武井咲さんの守護霊よ。

女優・武井咲さんの守護霊よ。

どうぞ、幸福の科学 大悟館に降りたまいて、そのお心のうちを明かしたまえ。

ありがとうございます。

（約十秒間の沈黙《ちんもく》）

2

ピュアで謙虚《けんきょ》な武井咲守護霊《しゅごれい》

周りの方々への感謝を語る武井咲守護霊《しゅごれい》

武井咲守護霊　おはようございます。

竹内　おはようございます。武井咲さんの守護霊《しゅごれい》様でいらっしゃいますか?

武井咲守護霊　はい。わざわざお呼びいただいて、本当にありがとうございます。

竹内　いや、こちらこそ、本当にありがとうございます。

武井咲守護霊　そんな、ベテランのみなさまがたと肩《かた》を並べて語るような立場には、まだございませんでして。

竹内　いえ、いえ。

武井咲守護霊　一、二年で消えるかもしれないような、ほんと駆《か》け出しのスターですので、どうぞ、お手柔《てやわ》らかにお願いします。

竹内　いえ。こちらこそ、よろしくお願いします。

武井咲さんは、本当に今、大ブレイク中だと、私たちは見ておりまして。

武井咲守護霊　まあ、そんなことは。ふつつかで……。

竹内　十二歳《さい》のころに、芸能界の登竜門《とうりゅうもん》と言われる「全日本国民的美少女コンテスト」で、二部門ダブル受賞をして、それから八年間、めまぐるしい日々を送ってこられたと思うんです。

映画やドラマ、ＣＭと、大活躍《だいかつやく》であると思うんですが、今日は、その武井咲さんの魅力《みりょく》に迫《せま》っていきたいと思っております。

1987 年からオスカープロモーションにより開催されている「全日本国民的美少女コンテスト」。2006 年、武井咲は 12 歳（中学 1 年）のとき、第 11 回コンテストでモデル部門賞およびマルチメディア賞を受賞。

武井咲守護霊　いや、ほんとに、今、私がそれを訊《き》きたいぐらいです。もっと先輩《せんぱい》がたの取材をしてくださって、教えていただきたいぐらいで、私も手探《てさぐ》り状態、暗中模索《あんちゅうもさく》状態なんです。ほとんど、監督《かんとく》さんのお力とか、あるいは、シナリオを書かれる方のお力とかですねえ、あとは共演者の魅力ですね。

竹内　うん、うん。

武井咲守護霊　共演者の魅力で支えられているところが多くて、共演者でも、超《ちょう》一流の方がいっぱい出てきてくださるので。それで盛り立ててくださって、「何とか釣《つ》り合わなきゃいけない」と思って背伸《せの》びしているうちに、映像としてギリギリいっぱいセーフで、滑《すべ》り込《こ》んでいる状態で。

ほんとに、そんな大作に出していただくほどの能力も、技術も、まだまだ、まったくなくて、自分で見返して見ると、もう、「あそこも駄目《だめ》。ここも駄目」と思うところばっかりなんです。

でも、ありがたいことに、家族が応援《おうえん》してくださってて、全面的に家族の支援を受けていて、まあ、その力で……。いくら自分で「失敗した」と思って落ち込んでても、家族っていうのはありがたいもので、いつも励《はげ》ましてくださるので。それで、何とかもってるっていうところで。

私の人気は、もうほんとに桜の花みたいなもので、一週間で落ちてしまうかもしれないような、まだその程度の自力しかないんです。

女優・武井咲の「純粋《じゅんすい》さ」「ピュアさ」の秘密とは

竹内　でも、あるＣＭ撮影《さつえい》の監督さんが、武井咲さんのことを、「本当にピュアで、この業界では珍《めずら》しいタイプだ」と評していました。

武井咲守護霊　ええ。

竹内　また、「物事を斜《なな》めに取りやすい業界のなかで、ピュアなものを求め続けている、芸能界の象徴《しょうちょう》のような方だ」と評している方もいます。

武井咲守護霊　それはありがたすぎて、なんとも返す言葉がございません。

竹内　やっぱり、武井さんの魅力の一つに、この「純粋《じゅんすい》さ」「ピュアさ」というものがあると思うんです。今も、お話をお聞きしていて、非常に謙虚《けんきょ》でいらっしゃると思うんですけれども。

武井咲守護霊　いや、もうとんでもないです。ほんとに、大川隆法先生っていったら、有名な大先生でございますので、私なんか取り上げたら値打ちが下がってしまいますので。

竹内　いや、そんなことはないと思うんですけど（笑）。

武井咲守護霊　やっぱり、とんでもない。もう、おたく様のお弟子《でし》さんで活躍されてる方を、まずお取り上げになられて、ご宣伝なされて、私なんかは、そのあとの付録で一ページ付けるぐらいでよろしいんじゃないかと思うんですけどねえ。

映画「クローバー」での役柄《やくがら》を振《ふ》り返る

竹内　この前、「クローバー」という映画を観《み》てきまして。

武井咲守護霊　ああ！　最近、出ました、はい。

竹内　最近、恋愛物語《れんあいものがたり》を観ていなかったので、久しぶりに、うるっときたところがありました。

武井咲守護霊　ああ……。

竹内　武井咲さんの、純粋さのなかに芯《しん》を貫《つらぬ》くものを、場面、場面ですごく感じたのです。

武井咲守護霊　うーん。

竹内　もちろん、演技なんですが、武井さんの持っているものが滲《にじ》み出ているようにも感じました。

武井咲守護霊　うーん。まあ、でも、私は別として、作品というか、テーマというか、映画としては、やっぱり、若い女性とかには、なんですかねえ、みんな夢があるようなものだったので。私が出演するんじゃなくて、自分が十代前半の少女であっても、たぶん憧《あこが》れるだろうなあと思うような……。まあ、あれは、漫画《まんが》から来たものだと思いますけども。

竹内　そうですね。

武井咲守護霊　四つ葉のクローバー、憧れますよねえ。まあ、そういう意味では、内容のいい映画だと思うので、それを壊《こわ》しちゃいけないと思って、一生懸命《いっしょうけんめい》、やらせていただいたんですけども。演じ切れたかどうかは分かりません。

竹内　いえ、十分に魅力ある女性だったと思うんですけども。

武井咲守護霊　ああ、そうですか。

竹内　〝あの感じ〟というのは、どのようにご自身で心掛《こころが》けていらっしゃるんですか？

武井咲守護霊　うん、ちょっとあれですよねえ。あの……、立場的に、そういうトップ女優風にすごい人気のある立場で、っていうあれじゃなくて、あっちはドジ役のほうですよね。どちらかというと、先ほどご紹介《しょうかい》いただいたほうでは、「ややドジな女性で」っていう。

ときどき、普通《ふつう》の女子高生とか、普通の何とかっていう役も回ってくるんですが、まあ、怒《おこ》られてばっかりいるような、ドジなホテルの従業員っていう設定でしたので、まあ、ほんとはあれが私の本質にとっても近いんですが。

ああいうドジな私を磨《みが》き出して、光を当てて、輝《かがや》いているように見せようとしているのは、周りの方々で、そのフィクション力で上げているんですけども。

ですから、かなり、もともとの生地《きじ》があんなものに近いので、それは楽でしたけども。相手の、主役をやられた方のほうが気の毒で。ほんとは、ああいう方ではないので（注。相手役を演じた大倉忠義《おおくらただよし》〔関《かん》ジャニ∞《エイト》〕の役どころは「ドS上司」という設定だった）。

竹内　ないんですね？（笑）

武井咲守護霊　うーん。「コマーシャルを見るだけでも恥《は》ずかしい」「あれを見ただけでも、穴を掘《ほ》って入りたい。隠《かく》れたいっていうぐらい恥ずかしい」と言っておられたので。まあ、向こうは気の毒だったかなあ、と。

映画「クローバー」（2014年公開　ファインエンターテイメント／東宝）

竹内　うーん。

武井咲守護霊　あんな、ほんとに、共演者の方の尊い犠牲《ぎせい》の上に、私が輝いていたような（笑）……。

竹内　（笑）

武井咲守護霊　もう、まことに申し訳ないです。

だから、共演の方が、みんな目立つ場合もあるんですけど、嫌《いや》な役をやっていただかなきゃいけない方もあるので。うーん。

ほんとは、あなたのような輝く役のほうが、ふさわしい方だったんですけどね。

映画の撮影《さつえい》中に自問自答していたこと

竹内　武井咲さんが出演された、映画「クローバー」の撮影《さつえい》現場の様子を観たことがあるんですけど。

武井咲守護霊　ああ、はい。

竹内　一回撮《と》った映像をチェックされているときの表情が、私のような素人《しろうと》から見れば、十分……。

武井咲守護霊　（竹内に向かって）素人じゃない……、素人じゃないでしょう。なんか、業界の方のように……。

竹内　いえいえ、業界人ではないです（笑）。映画製作にかかわったことはありますが……。まあ、私から見ますと、十分に素晴《すば》らしいカットっていうか、シーンになっていると思うんですけど。

武井咲守護霊　ああ、そうですか。

竹内　武井咲さんは、それを観ているときに、すごく、「まだまだだ」と、自らの演技を厳しく見ているような……。

武井咲守護霊　もちろん、そうです。それは、編集技術で出来上がってる映画……。まあ、どの映画もそうですけど、監督さん以外は、あと、編集する技術もありますので。そのドジなところを、できるだけ削《けず》って、それを、うまく見えるようなところに重ね合わせていく、そういうプロが入ってやってますので。

竹内　はい。

武井咲守護霊　もう、ドジシーンは山のようで、NGは山のようにあるんで。ほとんど全編NGなんですけど、そのNGでも、ドジなのがウケるところを、上手にすくい出して、つなげてつくってるんですよねえ。

だから、まあ、二十一になったところですけども、いや、この年で四つ葉のクローバーにあやかるっていうのは、ほんとは、私……、女性としては、少し恥ずかしいぐらいのところは、ないわけではないんですが（笑）。

「そうした純粋な、夢に懸《か》けるような役柄《やくがら》が演じ切れるかなあ。まだ、魂《たましい》がそこまで穢《けが》れてないかなあ。どうかなあ」みたいな、そういうことは、ずっと自問自答しながらやっていました。

「私は自力《じりき》じゃなくて、ほとんど他力《たりき》に近い」

竹内　そういえば、四つ葉のクローバーとか、そういう純粋な夢というか、神話というか、そういったものに憧れる方なんですか。

武井咲守護霊　うーん。人生長いと……、まあ、もし長ければですけども、長いとすれば、私がどういうふうになっていくかは、ちょっと、分からないんですけども。私は、すごく恵《めぐ》まれた人生を送ってるので。

多くの人に、ほんとに早いうちから認めていただきましたし、先ほど言ったように、家族の理解もすっごく深くて。

　家族がもう全面的に支援してくださっていますし、好意的な評価をされる方に恵まれているし、やっぱり、トップスターに近い、あるいは、トップスターそのものの方が相手役で出てきてくださるので。ほんとに、申し訳ないぐらい、私を引き立てるために出てきてくれているような感じの役なので。

（竹内を指して）そう、あなたそっくりの妻夫木《つまぶき》（聡《さとし》）さんとかが、ねえ（会場笑）、ああいう「愛と誠」の（太賀《たいが》）誠《まこと》のような暴力学生みたいな、わざと高校生みたいな役で出てきてくださるなんて、まあ、ありえないようなことですけどもね。ああいう役をして、ずいぶん私を引き立ててくださっていますので、本当に、ほかの方々が、私に釣り合ってみ

映画「愛と誠」では妻夫木聡が太賀誠役を熱演。幼いころ、武井咲が演じる早乙女愛の命を救ったときに眉間に深い傷を負い、それが原因で一家離散し、不良学生となる。そんな誠に愛は献身的姿勢を貫く。

せるのは大変だろうなあと……。

竹内　でも、一般論《いっぱんろん》から言いますと、そうした大御所《おおごしょ》が入ったら消えてしまうことのほうが多いんですよ。

武井咲守護霊　ああ、そうなんですか。

竹内　大御所がいるところで一緒《いっしょ》に演技をすると、大御所だけが目立って、やはり、レベル的にそこまで達していないと、呑《の》まれてしまうのが普通だと思うんですよ。

武井咲守護霊　ああ、そうですか。

竹内　ところが、「武井咲さんは、逆に魅力を引き立てられる」というのは、お話を伺《うかが》っていまして……。

武井咲守護霊　ああ、そうか……。

竹内　やっぱり、今、言われたような「感謝」や「謙虚さ」という、芸能界でそれほど重視されていないかもしれないキーワードが出てくるところが……。何と言うのでしょう。芸能界では、もっと「競争で勝つ」とか、「強みを持ってライバルを撃《う》ち落とす」とかいう面が強いのですけれども、武井咲さんの場合は、やはり、そうでない動きを……。

武井咲守護霊　「競争」っていう気持ちはないですね、あんまり。「ない」っていうか、だから、「恵まれてる」って先ほど申し上げましたように、最初から、美少女コンテストみたいなので、私よりかわいい子なんか、幾《いく》らでもあのなかにいますのに、運がいいんですよね。運よく選ばれたりするでしょ？

まあ、そういうのからモデルになれて、スッとスターへの道が開けたので、「苦労が足りない」という言われ方をされるんだったら、十年、二十年、もう少し苦労してもいいところなんですけども、そういうふうな大した苦労もなく、スーッと上げていただいたんで、本当に周りの人たちの力。

もう私は自力《じりき》なんかじゃなくて、ほとんど他力《たりき》に近い。「大勢の人たちの引き上げの力がすごいなあ」という……。

ほんと世の中がね、本当に四つ葉のクローバーだらけに見えてしまいます。

竹内　いや、そこがすごいと思うんですよ。

武井咲守護霊　うーん、そうですか。

竹内　普通は、そう見えないんですよね。

映画「るろうに剣心《けんしん》」に出演して思うこと

武井咲守護霊　「るろうに剣心《けんしん》」なんて、私のあの役（神谷薫《かみやかおる》）は、誰《だれ》でもできるんです、たぶん。

でも、佐藤健《さとうたける》さんの緋村《ひむら》剣心の役は、そんな簡単にできないので、当たり役だったと思うんです。あの動きはちょっとできないので、あれは、ハリウッドのアクション俳優だって、もう目玉が飛び出るぐらいの難しい役だと思う。

あれがワイヤーアクションでもなく、早回しでもなく、「実際に実速でやっている」というのを知ったときには、やっぱり、ハリウッド俳優だって、たぶん驚《きょう》愕《がく》だと思う。

「これは、本当の速さなんです。屋根の上を走っている速さは、本当の速さで走っているんです」と言ったら、あるいは、「これは壁《かべ》を本当に駆け上がっているんです」というのかな、これが本当だって知ったらね。

これは、普通は香港《ホンコン》映画なんかだったら、ワイヤーで吊《つ》って、当然やるところでしょうけど（笑）、「本当に駆け上がっているんです」というのを知ったときには、やっぱり衝撃《しょうげき》はすごいだろうと思うんですよね。

ああいう方の類《たぐ》いまれなるご精進《しょうじん》に支えられて、脇役《わきやく》が「頑張《がんば》って！」みたいな感じでやっているだけで、それなりに見えているもので、私なんか、もう本当に、「（自分が）薙刀《なぎなた》を振っている姿」なんかを観たら、へっぴり腰《ごし》で恥ずかしくて。あのカットが何回も出てくるのを、もっと練習をきちんとしてからやればよかったと思って……。「八重《やえ》の桜」（二〇一三年・NHK大河《たいが》ドラマ）に出られた綾瀬《あやせ》はるかさんなんかでも、もっと立派に、薙刀とか、きちんと練習なされたあとがありましたよね、きちっとした……。

竹内　ああ。

武井咲守護霊　私の薙刀では、「京都大火編《たいかへん》」で戦っているのは、もうなんか、へっぴり腰で、全然、ものになっていないのが、よく見えていて、恥ずかしくて……。

映画「るろうに剣心」では剣術道場の師範代である神谷薫役を演じ、自ら薙刀を振った。

竹内　やはり、あの映画でも、「強い男」というのは実は弱さを持っていて、そこを支える女神《めがみ》のような姿が引き立っていたと思うので……。

武井咲守護霊　そうか、そういう……。

竹内　おそらく、ご自身の、そういう「感謝」や「多くの人への愛」のようなものが、運命を引き寄せていっている気がするんですね。

武井咲守護霊　そうなんですかね。だから、私も、（役が）「師範代《しはんだい》」ってことになっているので（苦笑）、少し武術ができなきゃいけないのに、実際上、そんなに特訓も、モデル出身みたいな者なので、大してできないんですね。

まあ、教えられたとおりはやるんですけど、大して鍛《きた》え込んだ技ではないので、なんか、本来ドジな部分が出る……。一生懸命、真剣にやっているのに、ドジな部分が出るところがおかしみで、みなさん観てくださるんだと思いますが。

佐藤健さんなんかの、あの何とも言えない、草食系男子に見える方が変身して、突如《とつじょ》、スーパーマンに変わるっていうか、超人的な活躍をされる、ああいうのは、やっぱり、現代のヒーローなんだと思うんですよね。

現代、男性が草食化していて、サラリーマンのみなさまがたは、みんな草食人種に見えるんですけど、「突如、ここ一番になったら変身して、会社を救ったり、みんなを救ったりするような、そういうヒーローになる」っていう。

あれもあれで、別の意味で「夢」だと思うんですよね。男性たちの、特に若い男性たちの夢なんじゃないですかね。普段は女性からもなめられるような、やわな男性に見えていて、パッと、そのときになったら、「女性は下がってろ」っていうような感じで、自分でおやりになる。あれが男ですよね。男は、ああでなくちゃいけない。

だから、「現代の人気のある男性」っていうのは、そう。普段、強がっているような男性は、やっぱり駄目《だめ》。そういう男性は駄目で、普段は女性的で、あんまり他人を害さないような、そういう、なるべく目立たないように生きている方が、「いざ、本番」と、難しい大役を任されたときに、俄然《がぜん》、それを切り抜《ぬ》けて、みんなを助けるみたいな、これが「現代版のヒーロー」だと思いますね。

そういう意味で、あの映画は、私のほうはほとんど関係がなくて、「現代版ヒーローとは何か」ということを上手に描けたところが、やっぱり成功なんじゃないかと思いますよね。

3 武井咲がオーディションに通る理由

「オーディションの通り方」を訊《き》かれるのは〝厳しい質問〟

小田　おはようございます。

武井咲守護霊　（深々とお辞儀《じぎ》をしながら）ああ、どうも、おはようございます。

小田　私、ニュースター・プロダクションという芸能プロダクションの責任者をやっております。どうぞ、よろしくお願いします。

武井咲守護霊　ええ。（お辞儀をしながら）呼んでいただきたいぐらいです、本当にもう。

小田　ああ、いえいえ（笑）。

武井咲守護霊　教えていただきたいことが、たくさんあるので……。

小田　あっ、いいえ。ぜひお訊《き》きしたいのが、オーディションの通り方なんですね。

武井咲守護霊　あっ、それっ!?　さあ……。

小田　これが本当に、もう受けても受けても、なかなか、本来、「オーディション」というのは通るものではないのですけれども、武井咲さんの場合、大役をどんどんつかんでいらっしゃいますね。

まず最初は、全日本国民的美少女コンテストで二冠《にかん》を取られまして……。

武井咲守護霊　いやあ、それは、もう……。

小田　それから、NHKの大河《たいが》ドラマとか、映画の主役とか、どんどん取っていらっしゃいますけれども、オーディションに向かうときの心構えというか、どういう思いで、そうしたオーディションを受けて、突破《とっぱ》してこられたのでしょうか。

武井咲守護霊　いやあ、それは〝厳しい質問〟で、そのオーディションに落ちそうです、私。

小田　（笑）（会場笑）

武井咲守護霊　それをされると落ちそうで……。「どうして、今までのオーディションを通られましたか」って訊かれたら、もう絶句して、その場で落ちてしまいそうな気がします、一言《ひとこと》も返せなくて。「運がよかった」としか言いようがないので。その「運がよかった」を、「それでは、駄目《だめ》だ！」と言われて、「もう少し分かるように説明しろ」と言われると、どう（少しうつむき、右手で顔を覆《おお》う）……。

オーディションに臨《のぞ》むに当たって「努力」していること

小田　心構えとしては、どういうつもりで受けられているのでしょうか。

武井咲守護霊　うーん……。オーディションは、まあ確かに、いろいろな方々の目があって、いろいろな試《ため》しがあって、どんな役ができるかの可能性をみんな探《さぐ》っておられるんだろうとは思うんですけど。

いや、まあ確かに、競争の激しい仕事なんだと思うんですけども。オーディションを受けて、受からないと役を頂けないので、相手に気に入ってもらえなければ、採用されることはないんでしょうけども。

うーん……。（私は）本当はドジな普通《ふつう》の女の子なんですけどね。やっぱり、先ほどの草食系の男子がスーパースターに変身するところじゃないけれども、本当は普通の、どこにでもいる女の子なんだけども、「役を頂いたら十分にその役になり切ってみせます！」っていう決意だけをしっかり、いつも持っているというか。その役を頂いたら、自分では少し似合わないなと……。

例えば、（ドラマ「ゼロの真実〜監察医《かんさつい》・松本真央《まつもとまお》〜」の）天才少女の役とか、こんなの、とても、全然、似合わない。私なんか、もう本当に、ほとんど勉強もしていないので、天才少女の役なんか、そんなのできるわけがない。

「アメリカの大学には飛び級で入って、女医さんになった」みたいな、そんな役をできるわけがないし、難しい言葉がいっぱいで、医学用語がたくさん出てくるので、覚えるだけでも、もう四苦八苦《しくはっく》なんですけども、そんなのでも、「はい、できます」みたいな感じに見えなければ、オーディションは通りませんですよね。

そういう感じですから、「その役柄《やくがら》が難しくても、何とか、それにタックルして取り組んで、やり抜《ぬ》いて、そして、共演のみなさまがたにも、ご迷惑《めいわく》をかけることなく、監督《かんとく》さんに恥《はじ》をかかせることなく、観《み》る方々に喜んでいただけるようなものに仕上げるところまで、この『思い』っていうのを持っている」って。「自分は、『最終的に仕上がって、多くの人に観ていただいて、喜んでいただける』というところまで、そこまでビジョンを持っている」って。

オーディションならオーディションで、〇〇の役という映画やドラマの役で、「これができますか」って言われるわけですから、だいたいね。「この役があなたにできますか」っていうことですから、なり切って、共演の方ともうまくいって、監督さんにもきちんと認められて、そして、視聴者《しちょうしゃ》の方々から、「ああ、よかった」「観てよかった」「時間の無駄ではなかった」「お金の無駄ではなかった」と言っていただける、そのところまで、自分で見て、見通して、（目を閉じて合掌《がっしょう》し、祈《いの》るような姿勢で）「そういう自分になりたい！」と思ってオーディションに臨《のぞ》むようには努力しています。

それが、単純に言えば、すごく、意志の強さのようなものを内に秘めているような感じに見えるのかもしれないと思います。

「全日本国民的美少女コンテスト」に応募《おうぼ》した「いきさつ」

小田　武井さんは、中学校に入ったころ、「私はモデルになる」というように家族に宣言されて、実際に、大手事務所のオーディション、「全日本国民的美少女コンテスト」で二冠を取られたのですけれども、本当に、そうした「思い」がすごいんですかね。

武井咲守護霊　はあ……（ため息）。

小田　そして、そのオーディションに応募《おうぼ》したきっかけが、「優勝したら二百万円、賞金がある」と。

武井咲守護霊　（笑）

小田　「これを家族のために取って帰りたい」というように思って、オーディションを受けられたと聞いたことがあるんですよ。

武井咲守護霊　（笑）少し恥ずかしかったですね、今のは、少し。少し恥ずかしかったですね、今のは。

2012年に行われた「第13回全日本国民的美少女コンテスト」では、歴代の受賞者の一人としてゲストトークショーに出演〈写真右〉。

小田　（笑）だから、やはり、「家族のため」とか、「自分はこうなるんだ」とか、そうした強い「思い」が何か仕事をしているのかなと思うのですけれども……。

武井咲守護霊　いや、それは美化《びか》されているんだと思います。

小学生の高学年とか中学生ぐらいだったら、「モデルになりたい」とか、「タレントになりたい」とか、「女優になりたい」とか、そういう方は、たくさん全国に、もう万の単位で毎年毎年いらっしゃいますので、決して珍《めずら》しいことではなくて、誰《だれ》でも、その年頃《としごろ》になったら思うことなのでね。

私が特別に、なんか「ものすごく志《こころざし》を立ててやった」というほどの者だと思われたら、それは違《ちが》うとは思うんですが、まあ、やっぱり「惹《ひ》かれた」ということだと思うんですね。

だから、「大人になってから就《つ》ける仕事」っていうのは、たくさんあると思うんですけども、大人になる前、もう十年も前に、「何か、私にでも、できることはないか」ということで考えたときに、「私でもできること」ということであれば、例えば、モデルとか、ちょっとした、そういう、人前に出て見ていただけるような少しぐらいの役だったら、私でも……。まあ、子役でも、少女役でも、何か、少しできることがあるんじゃないかなあという気持ちはありました。

そのようなわけで、そういう「タレントやモデルとかになりたい」っていう志を持っている方は、もう毎年、万の単位で絶対いるので、珍しいものでは決してないし、「そのなかで、いちばん思いが強かった」なんてこと、絶対、そんなことはないと思うんですけどもね。

まあ、「自分でも、許されたらできる仕事はないかな」という気持ちで求めていたのは事実で、「そうした求める心をうまいこと、すくい上げてくださる方がいた」ということです。

だから、「二冠を得た」なんていうのは、本当に「運がよかった」としか言いようがなくて、芸能界に入ってみたら、もう私なんかより、ずっときれいな方がたくさんいらっしゃるので。

武井咲守護霊《しゅごれい》が語る「自分像」

武井咲守護霊　（愛染を指して）こちらの方も、ものすごく美しい方のようにお見受けしますので、私と同《おな》い年《どし》だったら、私なんか、きっと負けてしまうんじゃないかと思うんですけどねえ。

愛染　あっ、今、ありがとうございました（笑）。

武井咲守護霊　いいえ、とんでもないです。

愛染　小田と同じ「スター事業」に配属になっております、メディア文化事業局の愛染と申します。

武井咲守護霊　あっ、それは、もう本当に偉《えら》い方なんでございましょう。

愛染　武井咲さんは、非常に美人でもいらっしゃるんですけれども……。

武井咲守護霊　いえ、とんでもない。

愛染　その反面、一転、ドジなところを見せるなど、その陽気さと……。

武井咲守護霊　いや、ドジなんです。それが地《じ》なんですよ。天然なんです。天然なんです。

愛染　いえ、ごめんなさい。そういう美人とドジのギャップが、また、かわいさとして倍加しており、魅力《みりょく》の一つかなあと私《わたくし》は感じさせていただいておりまして……。

武井咲守護霊　ああ……。ああ、そっかあ、なるほど。

愛染　「男性から見ても女性から見ても非常に美しいし、かわいい人」というような印象を持たせていただいておりますが……。

武井咲守護霊　そういうように見られるんですねえ。なるほど。

愛染　あれは十二歳《さい》でしたか？　本当にお若くして、全日本国民的美少女コンテストで……。

武井咲守護霊　いやあ、なんか、つらくなってきましたねえ。「十二歳」と言われたとき、ズシッとくるものがあって。

愛染　そこで賞を取られて芸能界に入られましたけれども、その「受賞したときのご感想」というのはどうだったのでしょうか。「十二歳で、全日本国民的美少女コンテストで賞を取る」という……。

武井咲守護霊　いやあ、ちょっと本当に、そのタイトルはあんまりよろしくないタイトルで、なんか、すごく、そういうのをもらうと、うぬぼれたような感じがして、私らしくないので。うーん、〝つくった自分〟のところを評価された感じがあって。

「全国美少女風ドジコンテスト　グランプリ」っていうんだったら当たりです（会場笑）。そのとおりですけどもね。美少女そのものじゃないので。

だから、一般《いっぱん》に考えておられる「美人」というのは、たぶん、男性の目から見たら、すごく近づきがたい、近寄りがたいっていうか、高嶺《たかね》の花で、全然、届かないところにいて、見ることはあるけども、車窓から見るようなものでしょう。全然、野の花を摘《つ》めないじゃないですか、車窓から見てもね。「ああ、きれいだな」と思っても、手が届かないし、摘めないし、見ているうちに通り過ぎていくじゃないですか。

それが、世間《せけん》で言う「美女」のだいたいのパターンですよね。手が届かないですよね。男の方から見てもね。まあ、女性から見ても、そうなんですけど。話し相手にもなってくれないし、少し、友達にもなれないぐらいの距離《きょり》があるものだと思うんです。

まあ、それは両親のおかげもあるんだと思いますけども、う～ん。

たぶん、今、あなたがおっしゃられたような、上手にメイクをすれば、一見美人に見える私が、本来ドジキャラであるというところのギャップの面白《おもしろ》さが、本来ならば過ぎ去っていく遠い景色だと思っていたものを、近くに寄せてくるというか、「ハッと気がつけば目の前の座席に座《すわ》っている」というふうな感じかな。

遠くで、「野原に咲《さ》いている花だ」と思って見ていたら、「そこにいるじゃないですか。どこにでもいる方じゃないですか」というふうにも見えるところが、見てくださる方、支援《しえん》してくださる方の幅《はば》をすごく広げてるのかなあという気はします。

愛染　「すごく遠くて近い存在、武井咲さん」という感じがするのですけれども……。

武井咲守護霊　私なんか、道を歩いてたら普通の女性なんで……。

愛染　それが一つの魅力かなと思います。

4 女優・武井咲の演技の秘密

十六歳《さい》ぐらいから変わった「仕事への認識」

愛染　ただ、芸能界というのは子供の世界ではなくて、やはり「大人の世界」ですよね。大人がいろいろ管理をしていて、いろいろな面で、厳しい芸能界の掟《おきて》などもあると思うのですが、十二歳《さい》でありながら、その「大人の世界」に入って仕事をするということについて、戸惑《とまど》いなどはありませんでしたか。

武井咲守護霊　まあ、子供でしたからね。写真に撮《と》られて雑誌に載《の》ったり、あるいは、ちょい役でも使っていただいたりしたら、それを見て、「ああ！　自分が出てる、自分が出てる！」って喜ぶぐらいの、ほんとに幼い気持ちでやっておりましたので、それほどではなかったんですけど、十六歳ぐらいより先あたりから、気持ち的には大人の部分、女性としての気持ちも少し出てきて、「これは大変なことなんだなあ」と感じるようにはなってきました。

最初のうちは、ただ子供的で、ほかの人から「出てたよ」と言われるのがうれしいぐらいの、本当に単純なものであったんですけど、次第《しだい》しだいに、「役柄《やくがら》を頂くに当たって、自分も成長しなきゃいけないんだ」っていう気持ちは、すごく強くなりました。女優っていうのも、ある意味ですごく難しい仕事なんだなと思うんです。

「演じる自信のない役」を演じるときに感じていること

武井咲守護霊　私が学校でまともに勉強したのは中学校までで、あとは通信制で勉強している程度ですから、普通《ふつう》の女子高生の役なんて、本当はやる自信はないんです。ちゃんとした秀才《しゅうさい》の女子高生みたいな役をやるっていったって、実際には、そんな生活してないので、「そういう演技ができるか」と言われても、想像の世界でやるしかないし、天才大学生みたいな役とかも回ってきますし、女医さんの役とかも出てきますが、とてもじゃないけど、私が現在ただ今まで経験した世界から見たら出てきようがない。振《ふ》っても振っても出てこないサイコロの目だと思うんですよね。

でも、それにあえてチャレンジしなければいけないので、与《あた》えられた仕事に関しては、一生懸命《いっしょうけんめい》取り組みますけども、何と言うか、うーん……。どこからでもいいから、その足りない部分を、磁石《じしゃく》が砂鉄を集めるように吸収して吸収して、その役になり切るために必要な要素、〝鉄分《てつぶん》〟を引きつけて、全身をその〝鉄粉《てっぷん》〟でまぶして役を演じてるというような感じですかねえ。本当は、その役柄に、はるかに遠いところにいるのに……。

だから、やっぱり、この仕事は難しいと思います。映画「クローバー」に出てくるホテルのドジな女子従業員をやる人が、天才監察医《かんさつ》をやったり、天才気象予報士をやったりするのは、すごくきつい。この役柄には、実にきつい振幅《しんぷく》がありますよね。

そのドジな従業員が、今度は剣道《けんどう》の師範《しはん》みたいなのもやったりとかしなきゃいけない。振幅がすごくあって、それが人生経験にあるかっていったら、それはないですよ。正直言ってない。ないものを引き寄せなければいけないので……。

もし言えることがあるとすれば、まあ、少なくと

映画「クローバー」ではホテルに勤める新人ＯＬ役。ドＳの上司に恋する純情なキャラクターをコミカルに演じた。

も、撮影《さつえい》に当たって協力してくださってる方々、つまり、原作者から脚本家《きゃくほんか》、カメラを回しておられる方、監督《かんとく》、助監督、その他、共演の方々、いろいろ意見を言ってくださる方々、そういういろいろな方が、集合的に集合念で見ておられて、きっと、「武井咲！　そのときはこう演じなきゃ駄目《だめ》なんだ。こういうふうにやるんだ」っていうような思いを出してくださってるんだと思うんですね。そうした思いを、磁石が砂鉄を引き寄せるように引き寄せてきて、自分の外側の体をつくっているような、そんな感じがします。

事務所は、売れる前の姿から「その人の未来」を見ている

小田　武井さんの所属している事務所は、もともと大手のモデル事務所だったのですけれども、今は、ドラマの主役級の女優さんが次々と出ているという、すごく力のある事務所です。

そこで、その秘訣《ひけつ》というか、どういう教育をしたらモデルさんが女優さんに転身してゴールデンタイム（視聴率《しちょうりつ》の高い時間帯）の主役を取れるようになるのでしょうか。どういうシステムがあるのだろうかと不思議に思うのですが……。

武井咲守護霊　ああ、そうか。そこを言うのを忘れましたねえ。それは女優だけの力じゃなくて、事務所の力とかも、かなりあるということですね。確かに、そういう事務所に力があれば、いい役がもらえることもありますから。

例えば、勉強の道で行かれた方にとって、有名中学や有名高校に行かれたり、有名大学に行かれたり、あるいは、就職するんだったら、有名な会社に就職されたりすると有利なことが多いっていうようなのと同じようなことが、たぶんこの世界にもあるんでしょう。

最近、深田恭子《ふかだきょうこ》さんが（弁護士役を）演じておられましたけども、法律事務所でも、一流の法律事務所からそうでないものまであるし……、まあ、そういうふうなものです。やっぱり、みんな、いろいろ行き先があって、「類《るい》は友を呼ぶ」で、所属すべきところが引き寄せていくんでしょうけども、そういうのが競争と言えば競争に当たるのかもしれません。

まあ、事務所の全体について私が言うのは、はばかられるので、何とも申し上げられないんですけども、たぶん、事務所の売り出そうとしておられる方々はですね、つまり、上のみなさまがたは、例えば、私なら私のまだ売れる前あたりを見て、「私の未来」を見てるんだと思うんです。「この子の未来を、こうつくりたい」っていうか、要するに、未来をクリエイトしていこうとしてるんだ

テレビドラマ「女はそれを許さない」（2014年放送／TBS）では、トラウマを負う弁護士役を演じた深田恭子。

と思うんですね。

現に売れてるから使うっていうのでは、もう遅《おそ》いのであって、「売れている未来」をつくり出そうと願っておられるんだと思うんですね。

そして、自分で、そのビジョンを確信され、心のなかではっきりとした図柄としてイメージされて、「この子は、絶対こういうふうになる子です」「この役はやり切れる子です」みたいな感じで売り込《こ》んでいかれるんだろうと思うんですよね。

そうしたら、所属している者としては、やっぱり、「その期待に応《こた》えなきゃいけない」っていう熱いものが湧《わ》いてくるので。

「モデル出身だから、写真だけならいけるけれども」というか……、まあ、動いたらどうなるかって(笑)、「動いたら仕事にならない」と言われたらそれまででございますので、「『写真だけだったらいいですけど』みたいなのでは済まないぞ」というところで、やっぱり、演技で応えなきゃいけない。

演技には、やっぱり「ハート」が必要です。体が動いてるだけ、手足が動いてるだけじゃなくて、ハートが要《い》るんだということで、どれだけ、それになり切れるかっていうことを考える。

つまり、「このオーディションを受けてみないか」というふうな仕事の話が来ても、それを推薦《すいせん》する事務所の方は、私の未来として、「それを演じ切れる未来が見える」という強い確信を持ってくださってるんだと思うし、こちらは、その期待に応えなくちゃいけないと思っているので、やっぱり、「演技にはハートを込めなきゃいけない」っていう気持ちは、すごくあります。

「私は人の期待を裏切るのは嫌《きら》いなんです」

武井咲守護霊　私は人の期待を裏切るのは嫌《きら》いなんです。だから、ドジでも一生懸命やって、最後は、「油まみれでも、何とか仕事は終えたね」って言われるところまではやり抜《ぬ》かないと納得《なっとく》がいかないので……。まあ、そのへんは性格のところかもしれませんね。

「運がいい」というのはそのとおりだし、自分もそう認めていますけども、運だけで長く続くわけではないことは分かっているし、そういう業界ですよね。毎年毎年、客観的には、ライバルと言えるような素晴《すば》らしい方が雲霞《うんか》のごとく出てくるところでございますし、そういう一攫千金《いっかくせんきん》の世界だと思うんですよ。ヒットを当てれば、次々と出る場合もあるし、一回限りで終わってしまう方もいます。次の役はもう当たらないっていうこともあるので、「期待を裏切らない」っていうのは、やっぱり、厳しいですよね。

最近やった役柄のなかでは、天才監察医の役がありましたけど、あれは、ほとんどしゃべらず、無口で天才性を表すというような役ですね。気象予報士の役が、それにちょっと近かったかもしれないですけど。「愛想《あいそ》のいい役をやれ」って言われたらできますけど、「愛想の悪い役で視聴率を取れ」っていうのは、すっごいきついんですよ（会場笑）。

「愛想を悪くして人気を出せ」っていうのは、「やってみろ」と言われてできるものじゃないですよ。「笑顔」とか、「愛想よく」とか、「感じよく」とかで視聴率を取れっていうんなら、やりがいもあるし、やれます。

しかし、できるだけ愛想を悪くして無愛想《ぶあいそう》にし、奇人《きじん》・変人を演じながら、まあ、ほんとは頭のなかは空《から》っぽなんだけど、その奇人・変人ぶりで天才性を見せて、周りと調和ができないところで、突出《とっしゅつ》した人間であるところを演じ切り、それで悪評を立てずに

テレビドラマ「ゼロの真実～監察医・松本真央～」（2014年放送／テレビ朝日）では、IQ150の天才ながらコミュニケーション能力が著しく欠如している監察医役を演じた。

視聴率を取れっていうのは、とっても難しいことなんです。

ただ、心を鬼《おに》にして、その役柄に徹《てっ》しなきゃいけないっていうか、なり切らなきゃいけないので。

だから、おたく様のような宗教をベースにされたところのほうが、私の事務所なんかより、よっぽど上なんじゃないでしょうか。そちらのほうが、ずっと上じゃないでしょうか。そういう指導は、ずっと優《すぐ》れてると思います。

「時間よ、止まれ。」という題に対して厳しさを感じる

竹内　先ほど、「事務所のほうとしては、芸能界を目指す方の未来を見る」というようなことをおっしゃっていましたが、それはすごく大事な点だと思います。

武井咲守護霊　たぶん、そうだと思います。

竹内　その未来を見るポイントといいますか、その子の何を見て、未来を見通すのでしょうか。

武井咲守護霊　ああ、それは、もう厳しいあたりになってきましたね。今日の題については、「時間よ、止まれ。」となっていますが……。まあ、「今はいいよ。でも、二十五歳では分からない。三十歳では分からない。それから先は分からないよ」と言われてるような（笑）、そういう条件もついているのかなあと思って、とても怖《こわ》いなとも思ってるんですけど。

要するに、大川総裁から、「今はいいよ。二十一歳の武井咲は認めるよ。だけど、二十五歳の君は、この芸能界に存在しているかどうかは分からないよ。三十歳では、いるかどうか分からない」と言われてるようにも感じましたので、「いやあ、厳しいな」と思っておりますけども。

武井咲守護霊《しゅごれい》が語る女優としての現在と未来

武井咲守護霊　ただ、今のところ、まだ、十年計画、二十年計画で自分をつくっていけるほどではないんです。

岡田准一《おかだじゅんいち》さんや深田恭子さん（の守護霊《しゅごれい》）が言っておられるような、変身していく自分、節目《ふしめ》に当たって、新しい分野を開拓《かいたく》していく自分っていうようなことを考えるほどの余裕《よゆう》は、今はなくて……（前掲《ぜんけい》『人間力の鍛《きた》え方――俳優・岡田准一の守護霊インタビュー――』『「神秘の時」の刻み方――女優・深田恭子　守護霊インタビュー――』参照）。

次から次へといろいろな配役が舞《ま》い込んできていて、すごい短時間でその人を演じなければならないっていう状況《じょうきょう》なんですよね。

だから、思うことは、「この役でしか使えない」っていう〝単品〟みたいな女優になってはいけないなということです。そのように自分では思っているんですけども……。

〝単品型〟の女優になってはいけないと思いつつ、「将来、どう変身していけるか」については、まだ自分で描き切れていない部分です。大人の方には見えているかもしれないけど、自分には見えていない部分がかなりあるので、それについては、そんなに先までは見えなくて、とりあえず、手持ちの仕事、これから目先に並んでる仕事、来年待ってる仕事を一個一個、全部成功させていかなければいけないんだということで……。

やっぱり、私たちの世界は、野球のバッターのように、「三割打てばいい」っていう世界ではないと思います。三割バッターでは消えると思います。たぶん主役は取れない。三割でいい方は、やはり、「そういう場面に合ったところだけに使われる」というような配役だと思うんですね。主役を取る場合は、どんな役柄でもやってのけなければいけないんだと思うんです。

みんなの印象として、「武井咲の芸の幅と演技から見て、こんなものだったらできる」っていうのが、だんだん出てくるので、それが固まってきたときに、「この人は、こういう役柄でしか使えない」ということが見えてきて、それが私の限界になるでしょう。それは、とても怖いです。

俳優・松坂桃李《まつざかとおり》に見る「人気を保つために必要なこと」

武井咲守護霊　ただ、今は、あまり考えすぎないで、来るものとしては、次々と違《ちが》うものが来てますから、短時間ではあるけれど、一生懸命、集中して、その役になり切っていって……。

いろいろな役を演じ分けることによって、自分の可能性が……、例えば、「そ

郵便はがき

料金受取人払郵便

赤坂局承認

6467

差出有効期間
平成28年5月
5日まで
(切手不要)

1 0 7 - 8 7 9 0

112

東京都港区赤坂2丁目10－14
幸福の科学出版(株)
愛読者アンケート係 行

フリガナ お名前	男・女	歳
ご住所 〒 都道府県		
お電話 (　　　) —		
e-mail アドレス		
ご職業	①会社員 ②会社役員 ③経営者 ④公務員 ⑤教員・研究者 ⑥自営業 ⑦主婦 ⑧学生 ⑨パート・アルバイト ⑩他 (　　　)	

ご記入いただきました個人情報については、同意なく他の目的で使用することはございません。ご協力ありがとうございました。

愛読者プレゼント☆アンケート

『時間よ、止まれ。』のご購読ありがとうございました。今後の参考とさせていただきますので、下記の質問にお答えください。抽選で幸福の科学出版の書籍・雑誌をプレゼント致します。(発表は発送をもってかえさせていただきます)

1 本書をお読みになったご感想
(なお、ご感想を匿名にて広告等に掲載させていただくことがございます)

2 本書をお求めの理由は何ですか。

①書名にひかれて　②表紙デザインが気に入った　③内容に興味を持った

3 本書をどのようにお知りになりましたか。

①新聞広告を見て [新聞名:　　　　]
②書店で見て　③人に勧められて　④月刊「ザ・リバティ」
⑤月刊「アー・ユー・ハッピー?」　⑥幸福の科学の小冊子
⑦ラジオ番組「天使のモーニングコール」　⑧幸福の科学出版のホームページ
⑨その他 (　　　　)

4 本書をどちらで購入されましたか。

①書店　②インターネット (サイト名　　　　)
③その他 (　　　　)

5 今後、弊社発行のメールマガジンをお送りしてもよろしいですか。

はい (e-mailアドレス　　　　) ・ いいえ

6 今後、読者モニターとして、お電話等でご意見をお伺いしてもよろしいですか。(謝礼として、図書カード等をお送り致します)

はい ・ いいえ

弊社より新刊情報、DMを送らせていただきます。新刊情報、DMを希望されない方は右記にチェックをお願いします。　□DMを希望しない

の役柄で成功すれば、この延長上にある役だって、たぶんできるだろう」というのは見えますので。

まあ、「これでは失敗した」と言われたら、もう、そちらの系統の役では使ってもらえませんが、大きく成功したものも、どうしてもイメージがつきますので、そういう同じパターンの役柄で使おうとされると思うんですけども。

共演したこともある松坂桃李《まつざかとおり》さんなんかも、今回、（ＮＨＫ大河《たいが》ドラマの）「軍師官兵衛《ぐんしかんべえ》」で黒田《くろだ》長政《ながまさ》を演じておられましたけど、二枚目の甘《あま》い軟《なん》派《ぱ》系の役をやられてた彼にとって、あれはとても難しい役だったただろうと思うんです。だけど、だ

大河ドラマ「軍師官兵衛」（2014 年放送／ＮＨＫ）では、黒田官兵衛の長男・長政役を松坂桃李が熱演した。

んだんに変身していかれて、次の可能性を少しお見せになられてドラマが終わったんだと思います。

つまり、彼は、「将来、名軍師の跡継《あとつ》ぎの役ができるような自分になろう」と思って準備してたわけではは、たぶん、ないだろうと思うんですが、その役を与えられたら、それをこなしていこうと、熱心にやってるうちに、次第しだいに、それらしいものが出てくるっていうところだと思うんですよね。

これを、どれだけ引き出せるかっていうところが、人気を保てるかどうかと関係があると思うんですね。

「いずれ、武井咲のままで様《さま》になるような女優になりたい」

武井咲守護霊　逆に、どれをやっても同じ人だなという……、まあ、おたく様にも（守護霊が）出てるように、一流の方で、全部ワンパターンで貫《つらぬ》いてやってしまう方もいると思うんです。超一流《ちょう》まで行けば、たぶんそうで、自分流のやり方で、全部こなしてしまうっていう……。

例えば、木村拓哉《きむらたくや》さんの（守護霊霊言《れいげん》）も、確か出しておられたと思いますけれども（『俳優・木村拓哉の守護霊トーク「俺《オレ》が時代《トレンド》を創る理由《わけ》」』〔幸福の科学出版刊〕参照）、木村拓哉さんの（演じる）検事を見て、「あんな検事がいるわけないじゃないか」って、これは世間《せけん》の常識ですよね。「あんな検事がいてたまるか」って、みんなきっと言うと思うけども。

それでも、木村拓哉さんは「木村拓哉さん流」を貫かれますよね。

そして、それを検事に見せてしまう。みんなに、「検事だと思え」と、全身からオーラを発しておられて、「こんな検事がいるわけないんだけど、こういう検事がいたら面白《おもしろ》いな」と思わせてしまう。

そういう「面白いなあ」から、次は、「実際いてもいいんじゃないか」「一人いるんじゃないか」というかたちでヒーローになってしまうという、こういうスターですね。

ここまで行くと、もう一段、〝空間を歪《ゆが》める力〟がたぶんあるんだと思うんですけども、まだ私はそこまでの力はありませんが。

まだ、配役のほうに自分を溶《と》け込ませるのでいっぱいですけども、「いずれ、武井咲のままでやっても、何をやっても様《さま》になるような女優になれたらいいな」とは思っています。

5 役の幅《はば》を広げるための「勉強」について

芸能界は「強い者がさらに強くなる世界」

小田　現代は、「女優だけやっていればいい」という時代ではなくて、人気女優さんは芝居《しばい》をやったら番宣《ばんせん》（番組宣伝）でバラエティーに出たりして、軽妙《けいみょう》なトークをしなければいけないという役割があります。

武井咲さんは本当に自然体で、軽妙といいますか、非常に感じのいい面白《おもしろ》いトークをされるのですが、そのへんはどのようにトレーニングをされているのでしょうか。それとも、持って生まれたものなのでしょうか。

武井咲守護霊　そこは、本当に言いにくいところではあるんですけども……。うーん、何て言いますかねえ……、「強い者はさらに強くなり、弱い者はさらに弱くなる。富める者はさらに富み、貧しい者はさらに貧しくなる」っていうふうな考え方があると思うんですけど、ややそれに近いものがあるんですよね。例えば、横綱《よこづな》になっていくような方は、強いと「練習の場」がよく与《あた》えられてですね……。

普通《ふつう》、土俵《どひょう》って一つしかないじゃないですか、練習場の。でも、強い人にはさらに練習の機会が与えられるでしょ？　弱い人は見ているだけで、強い人は練習の場が幾《いく》らでも与えられていく。強い人はいちばんにおいしいご飯が食べれて、いいところを食べて、弱い人は最後の残りを食べるようになっていくでしょう？　だから、恵《めぐ》まれている者はさらに恵まれて、恵まれていない者はさらに奪《うば》われていくようなところはあると思うんです。

これは、私たちの業界でも同じかと思うんです。

成功していくと、確かにいろいろな人の引き立てを受けて役も来ますけども、同じように、「そういう新しい役とか、難しい役ができるような勉強のために、何をすべきか」ということを教えてくださるような方が出てくるんですね。

周りから、「次の配役をこなすために、今度は、こんな勉強をしとけよ」とか言ってくださる方が出てきますし。

それと、売れていない時代は、やっぱり収入も少ないですから。収入は少ないっていうか、大部分のスターを目指してる方々は、みんなアルバイト生活のような感じでやっておられて、本業でまだ食べていけない方が大多数だと思うんですよ。

小田　はい。

武井咲守護霊　そのなかで、本業だけで食べていけるようなところまで行った人は、今言った、「強い者にはさらに土俵で練習する時間があって、ご飯もいいところを食べさせてもらえるところが出てくる」っていうのと同じことがあって。つまり、本業で収入が十分にあると、次の難しい役に挑《いど》むための勉強をする時間も出てきたり、それだけの資金的な余裕《よゆう》が出てきたり、あるいは、自分になくても事務所のほうに余裕があれば、そういうものを用意してくれて、「これ、勉強しとけよ」みたいなことを言ってくれることがありますね。

「チャンスは多いが、『厳しさ』という意味での格差もすごい」

武井咲守護霊　本当は、この世界も勉強が大事だと思うんです。だから、人生経験として、いろいろな経験を……。自分の経験でね、例えば、女医の経験をしたり、警察官の経験をしたり、大学の先生の経験をしたりとかできるわけありませんので、実際はそういう作品がたくさんございますから、そういうものを観《み》て勉強したり、あるいは、小説を読んで勉強したりっていうようなことが大事なんだろうと思うんですけども、なかなかそういう、何と言うか、うーん……。

まあ、事務所側か、自分自身か、あるいは、家族の援助《えんじょ》があって、そういう勉強をする余裕が生まれてくることがあるんですよね。

ですから、目指してるものがあれば、自分の目標とするタレントさんが出た作品等を、ずっと研究していくことがすごく大事なことだろうと思うし。次は、映画化される前に小説として出てるものなんかで、自分が出れそうな小説を読んで、「自分が出れる小説はどんなものだろうか」っていうようなことを、イマジネーションを働かせながら読むとか、そういうことで先行投資が可能にはなると思うんですよね。

そういうことがあるので、恵まれたる者はさらに恵まれたチャンスが来る世界だと思います。

そういう意味では、何と言うか、一般《いっぱん》のサラリーマン社会よりも、スポーツ界もそうだし、芸能界っていうのは、ある意味では、そんなに平等でない世界だと思います。

やっぱり、サラリーマンはいちおう平等に扱《あつか》わなきゃいけないいし、一定の年数をやらないと出世もしないようになってたりすることがあると思うんですが、私どもの世界は学歴も関係がないですし、親の職業が何であるかとかも関係がないんですね。

もちろん、親が有名な芸能人で跡《あと》を継《つ》いだようなかたちで売り出せる方もいますけども、才能が足りなければ、そうはいっても、それだけで次々と人は来てくれるわけではありませんので。

そういう意味で、チャンスはすごくありますけど、「厳しさ」という意味での、この〝格差〟はすごいある世界です。

だから、強い者には、さらに強い武器が与えられてくる感じはしますね。

芸能界で強くなってきたときに必要な「武器」とは

武井咲守護霊　やっぱり、強くなっただけ、いい武器を持たなきゃいけない。

「いい武器」とは何かっていうと、いいメンター（指導者）のアドバイスや、過去に優《すぐ》れた作品をつくられた方々の作品の鑑賞《かんしょう》ですね。

あるいは、これから映画やドラマになっていく小説がありますから、目利《めき》きの方は、「次はこういうのがドラマになるから読んどけ」っていうような感じで、「早めにこの人の作品を研究しとけよ」「この人の作品に出れるぐらいの自分にならなきゃ駄目《だめ》だぞ」っていうようなアドバイスですかね。

例えば、もう今はいないけど、松本清張《まつもとせいちょう》さんなんかが流行《はや》ったときでしたら、松本清張さんのドラマに出れば確実にヒットしますよね。あれは、作品の力で視《し》聴率《ちょうりつ》が必ず取れることになってる。だから、演技だけでなくて、作品の力で必ず視聴率が取れた。

そういう、いい作品に巡《めぐ》り合えたら、役がそんなにうまくなくても視聴率が取れる。視聴率が取れると、演技がうまかったということと、結局一緒《いっしょ》になることがあるんですよね。

だから、いい作品に恵まれる……、巡り合える確率を高めなきゃいけない。そうすると、あらかじめやれる勉強としては、「こういうものなら自分はできる」という範囲《はんい》を広げることしかないですよね。

だから、「度胸《どきょう》」も要《い》るとは思うんです。

例えば、「気象予報士（役）をやってくれるか」と。実際に、最年少で気象予報士（資格）を取ったような方が……、まあ、十一歳《さい》とかで気象予報士（資格）を取られた女性とかがいるようなことが現実にあったとして、「これ、君がやってくれるか」と言われたときに、「いや、そんな、気象のことなんて全然勉強してないから私にはできませんし、理科は苦手でしたから」なんて正直に言っただけでは許してくれないわけですので。

やっぱり、その後は努力して、気象予報士になるための本とか、気象に関係する本とかも読んでみたり、そういうものが映画とかＤＶＤとかであれば、観る必要もあるし。

実際に、「そうした天才気象予報士みたいな方は、どんな方なのか」っていう

テレビドラマ「お天気お姉さん」（2013年放送／テレビ朝日）では、「爆弾低気圧女」と呼ばれる無愛想な天才気象予報士・安倍晴子役を演じ、ミステリアスな黒いポンチョ姿で登場した。

のは見てみるチャンスとか……。あるいは、テレビでいえば、ニュース番組の最後に気象予報で出てくる人たちは、みんなだいたい気象予報士をやってますから、そうした方がどういうふうに解説するのかとか、ずーっと観るっていうことが勉強になります。

「ああ、こういうふうにやるんだ。これに私の個性を投入したら、どういうふうに言えるかなあ」というようなことを……。やっぱり、これ、勉強は勉強だと思うので。

プロになるためには「度胸」が要《い》る

武井咲守護霊　〝第一撃《だいいちげき》〟というか、〝宿題〟をポンと出されたら、「うわっ、できない」と思うことが多いです。本当はそうです。

本当はそうなんですけども、「できない」と思うことでも「できない」と言っては駄目で、何とかしてそれに、まあ、「食らいついていく」っていう言葉は汚《きたな》いけども、何とかして、「這《は》ってでも役に追いついていく」っていう感じですかね。

だから、もし目茶苦茶《めちゃくちゃ》なドラマで、「男子の夏の甲子園《こうしえん》に女子だって出て構わない」ということで、私が優勝するチームの四番バッターでピッチャーをやらなきゃいけない役柄《やくがら》が回ってきて、「やれ」と言ったときに、そんなものはっきり言えばできません。客観的に言えばできません。

そんなの、バットもろくに振《ふ》れなければ、球だって投げれませんけども、そのときに「できません」とは言わないのがプロで。

やはり、「研究してどこまで自分でやれるか」っていうところですね。球速を速く見せるぐらいのことは、映像技術でできることはできるでしょうけども、（役に）なり切れるかどうかのところは「度胸試《だめ》し」みたいなものですよね。

6 家族の支えについて

「家族の支え」と「家族の反対」に対する考え方

竹内　芸能界を戦っていく上で、「家族の大切さ」というポイントもあると思うのです。

武井咲さんは、「疲《つか》れていても、家族とのコミュニケーションを取ると元気になる」とか、お母様を非常に尊敬されていて、「いちばんの理解者だ」ということもおっしゃっています。

芸能活動をするに当たって、「家族の支え」の重要さについてはどのようにお考えになっていますでしょうか。

武井咲守護霊　私に関しては、すごく恵《めぐ》まれているとしか言いようがないので、ただ感謝あるのみです。それしか言いようがありません。

ただ、すべての人がそうでなければ成功しないとは言えないと思います。勉強されて受験される方だって、家族の支えがなかったら成功しないという言い方はできると思うし。でも、人によったら、その家族の支えがなくても、単独で頑張《がんば》られて勉強される方も当然いらっしゃいますよね。

だから、芸能界も家族の支えがあって成功されている方も多いと思いますけども、実を言うと、家族の反対を受けながらやっている方のほうが、数としては多いんじゃないかなあと。家族としては、「この世界は厳しすぎて、とてもじゃないけどやっていけないから、適当なところで諦《あきら》めろ」と。

あるいは、最初から「諦めなさい」って言われる方のほうが多いし。

例えば、美少女コンテストなんかに出ると、「出てどうするわけ。そのあと、あなたはどうするの？　中学も行かずにモデルさんになるわけ？」っていうふうな感じで言われる方のほうが多いと思うので。一般《いっぱん》には、「芸能界に入る」とかいうのは、特にサラリーマン家庭とか、普通《ふつう》のいいところの方なんかだったら、反対を受ける方のほうがむしろ多いし。

あるいは、いい演技をされる方のなかには、むしろ幼少時代から少年少女時代に、いろいろつらい体験とか……。例えば、肉親の死。両親、あるいは片親の死とか、あるいは離婚《りこん》とか、あるいは家族のなかでの病人とか、兄弟の死、あるいは事故。まあ、いろんなものを抱《かか》えていて、そのなかで発奮されて何とか家族を助けようと思って芸に打ち込《こ》んで、稼《かせ》げる人間になりたいと思ってやられる方とか、そうした自分の体験した、小説にでも書けそうなものを、今度は演技のなかで表していこうとか、いろいろなものが滲《にじ》み出してくると思うんです。

だから、本当は客観的条件がすべてを支配するということはないと思うので、どういう条件でも、それを自分の持ち味として生かし切れば、きっとお役に立っていくんじゃないかなというふうには思ってます。

7 武井咲の「オーラ」の秘密

「オーラ」の強弱が視聴率《しちょうりつ》に影響《えいきょう》を与《あた》えている？

愛染　武井咲さんのご家族も、武井咲さんのドラマを観《み》たり、ＣＭを観たりして応援《おうえん》していらっしゃるのだろうと思います。

武井さんは、今まで数多くの主役級の仕事を経験されましたけれども、ドラマなどでは、その都度《つど》、「視聴率《しちょうりつ》が何パーセントだった」などということが注目されます。そして、前回よりも下がり気味になったら、「もう、〝賞味《しょうみ》期限〟は終わりだ」というような叩《たた》かれ方をして、非常に厳しい評価を受けたりしますけれども、仕事の度《たび》に、そういう数字によって厳しい評価を受けるということに対しては、どのように感じておられますでしょうか。

武井咲守護霊　まあ、これは、自分の自由になるものではないので、どうにもならないですけども。まあ、〝厳しい世界〟ではありましょうね。そういう商業的な〝厳しい世界〟です。まだ、私ぐらいのレベルでは、そういう業界全体の構造のなかでの「仕事の厳しさ」は、たぶん分かっていないんだろうとは思うんですけども。

まあ、（視聴率は）結果ですので。もう終わったあとの結果の判定ですので、それについてどうすることもできませんけれども、考えていることは、みなさまがたに近い言葉で話をするとすれば、やっぱり「オーラの出し方」だと思うんです。

だから、自分のオーラが減ってくるというか、弱ってくれば、視聴率は落ちてくるというふうに感じるんです。オーラが強くて、周りに、画面いっぱいに広がって、この画面を支えているというか、あるいは、劇場の巨大《きょだい》スクリーン全体にオーラが行き渡《わた》って、その画面を支えているという感じが強いときは、視聴率、ないし動員率が高いのでないかと思うんですが、自分自身がそれだけのオーラが出ていない……、要するに、例えば役柄《やくがら》に自信がなかったり、体調が悪かったり、悩《なや》み事があったりすれば、オーラが弱ってくると思うんですね。小《ち》っちゃくなってくる。

そういうときに、たぶん、みなさまの受けも悪く、視聴率も下がってくるんじゃないかというふうに思うんで。

「希望を持たせる力がオーラだと思う」

武井咲守護霊　まあ、私もできるだけ元気いっぱいの自分をみんなに観てもらおうと思っているし、私のドラマとか、映画を観られた方が、何らかのかたちで元気づくことを密《ひそ》かに願っているんです。このへんが私の祈願《きがん》のところです。私のドラマを観て、「ああ、こんなチャンス、可能性もあるんだ」っていう。

例えば、ホテルのドジな女子従業員が、いつも怒《おこ》られてて、「自分は駄目《だめ》なんだ」と思うような客観的なシチュエーションになりながら、叱《しか》ってばっかりいて、自分を全然認めてくれていない、人格を否定されていると思っていた、そういう「ドS」と言われるような上司から、実は結婚《けっこん》を申し込《こ》まれる。向こうは腕利《うでき》きの、すごいできる方だから、相手にされているはずがないと思っていたのに、そういう人に結婚を申し込まれるという、ある意味での現代的シンデレラストーリーですよね。

「こういうことだってある」ということを観たら、普通《ふつう》の仕事ができないＯＬたちは、「わっ！　こんなこともあるかも」ということで、希望を持つじゃないですか、かすかに。その希望を持たせる力がオーラだと思うんです、私は。私が出しているオーラの一部が、その人の心のなかに宿るんだと思うんですね。

そしたら、「ああ、きつい上司に当たってしまったな。でも、もしかしたら、あの人が私を評価しているということだって、あるかもしれない」とか、「もしかしたら、好きになることもあるかもしれない」というふうな希望を持つことで、「なんか元気づく」っていうことがあるじゃないですか。

映画「るろうに剣心《けんしん》」の神谷薫《かみやかおる》役でどのような希望を与《あた》えたか

武井咲守護霊　それから、例えば、神谷活心流《かみやかっしんりゅう》の神谷薫《かみやかおる》の役をした、（映画の）「るろうに剣心《けんしん》」なんかでも、父が亡《な》くなって娘《むすめ》が跡《あと》を継《つ》いで、弟子《でし》がいなくて、小っちゃい子供がいて、生活が成り立たない状況《じょうきょう》の廃《すた》れた道場ですよね。

これはもう、倒産間際《とうさんまぎわ》の工場《こうば》みたいなものだと。〝町工場〟だと思いますけど、たぶんね。入れ替《か》えたら、〝倒産寸前の町工場〟だと思います。まったく注文が来ないで、もうすぐ月末倒産というような感じの〝町工場〟だと思うんですけど。そういう方があれを観たら、そういう立場にいたのに、突如《とつじょ》、ふらりと来た流浪人《るろうにん》と知り合うことから、劇的なドラマが始まっていくわけじゃないですか。そして、国家的な大きな事件にまで発展していく。その渦中《かちゅう》の人物になっていくでしょう?

こういうことがあれば、今、「自分の仕事はもう閑古鳥《かんこどり》が鳴いて、全然駄目なので、潰《つぶ》れて寂《さび》れて駄目になるのだろう」と思っているような人が、突如、何かの出会いによって、新しいストーリーが展開していって、活躍《かつやく》する場が出てくるみたいな、こういう時代の主役になるようなこともあるというような感じかな。そういうことを思う人に夢を与《あた》えるというか、希望を与えるというか、野心を与えるというかね。そういう望みを与えることが、私のオーラなんです。私のオーラ論はこういうことなんです。

「権威《けんい》に挑戦《ちょうせん》して結論を変えていく」という最近のトレンド

武井咲守護霊　ほかのも同じような目で観られたら、たぶん一緒《いっしょ》だと思うんです。無愛想《ぶあいそう》で人と口もきけない監察医《かんさつ》とか、気象予報士みたいな方でも、才能があって、天才性があって、それだけについてはものすごく詳《くわ》しいと。

それから、女医さんをやっても、ベテランの人が、「必ずこうだ。私は東大理Ⅲだからねえ」と言っているのを、「それは違《ちが》う」とズバッと言う。「これは、こういう原因で亡くなっています」とか、「これは判定が違っている」とか、二十代の前半の役で、平気で東大理Ⅲを出たお医者さんのあれ（判定）を引っ繰《く》り返していく。納得《なっとく》しないで考えているときは、逆立ちをしてみせる。まあ、見事な切り替えの技術が導入されているわけでしょうけど。逆立ちする女医が頭に血を集めて考えている。それで、そういう権威《けんい》に挑戦《ちょうせん》して、結論を変えていくみたいなものをやりますよね。

そういうことで、実は同じようなことで悩んでおられる方はいると思う。すでに出世の階段をちゃんと正統に昇《のぼ》ってやっておられる、権威がある方の言うことを覆《くつがえ》して戦う。これは、「半沢直樹《はんざわなおき》」なんかでも出たようなことだろうと思いますし、最近のトレンドですよね。半沢直樹風に上の者とも戦っていくとか、権威がある金融《きんゆう》庁とも戦ったりする。

「リーガルハイ」なんかだって、あの弁護士は無敗の弁護士だけども、もともと、そんなにすごいあれだったかといえば、出身大学も分からない。「無名《むめい》のどこかの私立らしい」というぐら

堺雅人が銀行マンを演じたテレビドラマ「半沢直樹」(2013年放送／TBS／原作：池井戸潤)

堺雅人が100戦100勝の弁護士を演じたテレビドラマ「リーガルハイ」(2012年から放送／フジテレビ)

いしか分からない。ただ、弁護士業であれば、もう勝つことしか考えていない。「ただただ勝つ」と。そして、普通はひんしゅくを買うのに、「多額のお金を出せ」と言う。あとは豪勢《ごうせい》な料理を食べ、「ハッハッハッ」とやる。だから、普通は抑《おさ》えていることが美徳なところですが、正反対なことを平気でやってのけるようなことをやって、逆バージョンで人気を集めていますよね。

「多くの方々に自己投影《とうえい》していただき、希望を与《あた》えたい」

武井咲守護霊　ああいうふうに、何て言うか、いろんな人が「隠《かく》れた夢」とか、「潜在的《せんざい》な願望」とか、いろんなものを持っていると思うんですよ。だけど、「実際は不可能だろうなあ。そんなふうにはならないだろうなあ」と思っているところに対して、「いや、そんなことはないですよ」と。あるいは、「そういうチャンスが来るかもしれませんよ」と。あるいは自分は変人だとか、自分はドジだとか、いろいろ思っている人にも、「いや、あなたにも活躍の場があって、みんなに認められるときが来るかもしれませんよ」と。

そういう意味で、私は、まだ若いので偉《えら》そうなことは言えないけれども、できるだけ多くの方々に、職業は違えども自己投影《とうえい》していただいて、自分に何か希望が与《あた》えられたような気持ちになってくれるといいなあと、いつも、そんな気持ちでいっぱいなんです。

だから、視聴率のためになんかやっていない。全然やってません。そうじゃなくて、視聴率というのは、結局は、「多くの人が支持してくださった」というだけのことですので、「多くの人たちのお助けになる仕事ができたら、それがいい結果になるんだ」というふうに考えています。

8 女神《めがみ》の世界からやってきた武井咲

「女神界」とは、どのような関係があるのか

竹内　最後のほうになってきましたので、そうしたオーラの秘密や神秘の部分について伺《うかが》っていきたいと思います。武井さんの守護霊《しゅごれい》様は、今、霊界《れいかい》にいらっしゃると思うんですけれども、「女神界《めがみ》」とは、どのような関係があるのでしょうか。

武井咲守護霊　どのような関係……。まあ、周りは女神しかいない……。女神ばっかりですので、「どのような関係」と言っても、そのような世界です。

竹内　女神界の方と交流されて、希望や夢を与《あた》えるオーラを発していらっしゃるのですか。

武井咲守護霊　ええ。もちろん、神様がいらっしゃいますので、神様からお力を頂いて、霊流《れいりゅう》を頂いて仕事をしています。

竹内　どういった方面の神様や霊系団からご指導を頂いていらっしゃるのでしょうか。

武井咲守護霊　日本では、もちろん●天照大神《あまてらすおおみかみ》様を中心とした女神界が存在しておりますので、そちらということになりますけれども、やや日本を超《こ》えた世界の神

●天照大神　日本神道の主宰神。太陽神であり、皇室の祖神として伊勢神宮に祀られている。伊邪那岐命の娘として、現在の大分県のあたりに生まれ、高千穂国の女王、すなわち日本最初の女帝となった。

様からも、私はお力を頂いていると感じています。

「神様の代役」として天上界《てんじょうかい》の愛や希望を降ろす役割

竹内　武井咲さんが女神界でいちばん大事にしている教えの概念《がいねん》というのは、何になりますでしょうか。

武井咲守護霊　「愛」だと思います。

竹内　愛ですか。その愛を芸能活動でオーラとして発せられていると？

武井咲守護霊　まあ、上手に言えないんですけど、まだ、肉体……、本人のほうは、二十一歳《さい》の未熟な状態で、実際のいろんな恋愛《れんあい》の愛憎劇《あいぞうげき》を経験していったときに、自分がどれだけ純粋《じゅんすい》でピュアな女性として、演技を続けられるかどうか分からないし、先ほど言ったように、本当にスキャンダルだとか、いろんなものに見舞《みま》われて地に落ちてしまうこともあるかもしれないし、あるいは、挫折《ざせつ》するというようなこともあるかもしれませんので、何とも言えないんですけど。

先ほど、「希望」という言葉を使いましたけれども、「希望」のもとにあるのは「愛」だと思うんです。

だから、タレントとか、スターとかいわれる者は、私も含《ふく》めて多くの人から愛されていると思うんですよね。だけど、多くの人から愛されているからこそ、多くの人を愛さなければいけないし、多くの人を愛しているからこそ、多くの人に愛されているんだと思うんですよね。

この意味では、神様の原理とほとんど一緒《いっしょ》だと思うんです。神様は多くの人を愛しておられるから、多くの人も神様を信じて、神様を愛しておられるんだと思うんですね。そういう意味で、神様の原理とほとんど一緒だと思うので。

今、民主主義の世界で身分制もなく、誰《だれ》もが平等でチャンスがあって、その差が開かない、格差のない世界を目指している傾向《けいこう》が強い世の中だと思うんですけれども、そのなかにあって、一流のスポーツ選手もそうかもしれませんけれども、そうしたタレント、女優、俳優のなかに、「神様の代役《だいやく》」風にみんなが崇《あが》める存在が出現できる場なんですよ。数少ない場の一つではあるんです。

決して教えを説いているわけでも何でもないんですけど、みんなの憧《あこが》れになったり、希望になったり、慰《なぐさ》めになったりという意味での「神様の代役」ができる仕事だと思っているんですね。

そういう意味で、私は、「この地上に天上界《てんじょうかい》の愛や希望を降《お》ろす役割だ」と、自分では固く信じています。

芸能系も「神様の仕事の一部」

竹内　未来の芸能界においては、まさに神の愛や、神の美しさを表すことが、これからのあるべき女優業だと思うのですが、幸福の科学グループの「ニュースター・プロダクション」や「スター養成部」から出てくる子たちが、そうした「神の光を宿した女優」となるためには、どのようなことを心掛《こころが》ければよいのでしょうか。

武井咲守護霊　いやあ、もう、そこまで十分いけるはずなんですけど。私はよく知らないので申し上げることはできませんが、そうなっていないというなら、たぶん、教団のほうで力を入れていないだけのことなんじゃないかと思います。力を入れれば、そうなるはずなので。そういうふうに、今の認識がないんだと思います。

だから、「神様の代役として、人々に愛や希望を、あるいは救いを与えるのが、スターやタレントたちの使命なんだ」ということが深く落ちていれば、仕事としてのミッション（使命）がそこに生まれてくるから、力が入ってくると思うんですけれども、「そうじゃない」と、たぶん見ているんだと思うんですね。だから、「宗教のほうの本業が仕事で、これは余技《よぎ》でやっている」と、たぶん見ておられるんじゃないですか。

生意気《なまいき》なことを言うようだったら、本当に謝《あやま》りますけれども、たぶん、「これは余技の部分だ」と思っておられるから、そのへんが理念的に共有されていないんじゃないかと思うんですね。たまたま、（人材として）小田さんという方がいらっしゃるから、「できるからやりなさい」みたいな感じぐらいにしか見えていないんじゃないかと思うんで。「これは、いちおう神様の仕事の一部なんだ」ということを、もし分かってくだされば、全然違《ちが》ってくると思う。全然、違ってくると思います。

また、さっき私が言っていたような、「オーラを発散《はっさん》するという意味での俳優や女優を育てる」という意味では、むしろ、ほかの一般《いっぱん》の事務所なんかよりも、あるいはプロダクションなんかよりも、はるかにそういうパワーを与えられるところだと思うんで。みなさんが、そういう創立・創業の理念というか、ミッションというか、そういうものを共有なされているかどうかのところなんじゃないでしょうか。

竹内　はい。分かりました。

「大衆布教《ふきょう》」においては活字の十倍以上の力がある映像の世界

武井咲守護霊　そうしたことを、まだ、軽く見られていらっしゃるんじゃないでしょうか。たぶん、趣味《しゅみ》とか遊びとかの世界と見ているんじゃないでしょうか。「宗教というのは、シリアスな世界であり、もっと深刻な、生きるか死ぬかの大変な〝あれ〟であって、そんな映画とか、テレビのドラマなんかと一緒にしてくれるな」というふうな感じなんじゃ……。

硬派《こうは》の方のなかには、たぶん、そういうふうに思っておられる方が多いんじゃないでしょうか。「軟派《なんぱ》系の一部の人が、そちらができないので、少し、遊びがてらやってなさい」みたいな感じに見ておられるんだと思うんです。

まあ、おたく様も、映画とかアニメとかをつくっておられると思いますけど、実は、実写の部分だって、そうしたミッションの部分が入れば、十分に世の中を描けるし、救済にもなるんですよ。

竹内　はい。

武井咲守護霊　心の救いにもなるし、人に希望を与える映画なんか、幾《いく》らでもありますよ。「あしたのジョー」みたいな、「ドヤ街《がい》から出てきた人が、天才ボクサーとして勝ち上がっていき、そのドヤ街の人に夢を与える」というようなものや、同じようなものであれば、「ロッキー」みたいなのもありますよね。あるいは、「ミリオンダラー・ベイビー」みたいな、女性のボクサーで、ミリオンダ

「ミリオンダラー・ベイビー」(2004 年公開／レイクショア・エンターテインメント／ワーナー・ブラザーズ)

「ロッキー・ザ・ファイナル」(2006 年公開／ MGM ／ 20 世紀フォックス)

「あしたのジョー」(2011 年公開／東宝／原作：高森朝雄　ちばてつや作画)

ラーを取るようになる〝あれ〟もありました。

　このように、ボクシングでたとえられることもあるし、野球選手の場合もあるし、ほかのものもいっぱいありますけれども、「多くの人たちを勇気づける」っていうのは、決して、宗教の教えとか、小説とかだけのものではなくて、ドラマや演劇、あるいは、映画のなかでも、十分に与えることはできるし、「大衆布教《ふきょう》」という意味であったら、ある意味で、こちらのほうが本の活字を読むよりも分かりやすいので、実は、十倍以上のマーケットがあると思うんです。

　だから、「活字で救う十倍以上の力があるんだ」ということを知っておれば、その〝光の戦車〟としての仕事は、たぶん、おできになるんじゃないかと思います。

　そういうふうな気持ちを持っていたら、私のような本当にまだ未熟な者でも、光り輝《かがや》くお嬢様《じょうさま》を持っておられる大川隆法先生のような方が、目に留《と》めてくださって、陰《かげ》ながら応援《おうえん》してくださるようなこともあるわけです。「仕事が目に留まる」っていうことがあるんだと思うのです。だいたい、そういうところを見ておられるんだろうと思うんですよね。

だから、この世界をそんなに卑下《ひげ》して、何て言うか、「お金と人気だけの世界だ」と思わないほうがよろしいんじゃないでしょうかねえ。

竹内　貴重なアドバイスをありがとうございます。

9
武井咲の衝撃《しょうげき》の過去世《かこぜ》とは
「叩《たた》かれるかも」と過去世《かこぜ》を明かしたがらない武井咲守護霊《しゅごれい》

竹内　では、武井咲さんの転生《てんしょう》の秘密についてお伺《うかが》いできればと思うのですが。

武井咲守護霊　うーん……。うーん……。生意気《なまいき》だから、ちょっと（会場笑）、どうでしょうかねえ。

竹内　ただ、「女神《めがみ》」という方であれば、やはり……。

武井咲守護霊　いやあっ……（笑）。もう……、大先輩《せんぱい》がたくさんいらっしゃる、「女神の山」ですので。芸能界は「女神の山」ですので、もう恐《おそ》れ多くて、なんか……。

竹内　近年とか、近い間で、何か……。

武井咲守護霊　いや、もう恐れ多くて、本当に、ちょっと……。

竹内　「恐れ多い」ということは、「（過去世《かこぜ》は）それなりの名前がある方」ということでよいのでしょうか。

武井咲守護霊　ええ……。直前世《ちょくぜんせ》は、実は、日本人ではない。

竹内　日本人ではない？

武井咲守護霊　ないんです。まあ、過去世には日本人もいますけれども、直前世は、日本人ではございません。いや、やっぱり、そこは、ちょっと叩《たた》かれちゃうかも……。

竹内　叩かれる？

武井咲守護霊　うーん……。

竹内　え？　つい最近の方なのですか。

武井咲守護霊　いやあ……。「つい最近」と言えば、まあ、人々の記《き》憶《おく》には、まだ残っている、かな。

竹内　白黒テレビの時代？

武井咲守護霊　まあ、そうかもしれませんね。

竹内　もしかして、最近、映画にされました？

武井咲守護霊　え？

竹内　あ、その方ではないですか。

武井咲守護霊　やはり、これは叩かれる……。叩かれるか、または、おたく様の宗教が、いいかげんなことを言っているように言われたら嫌《いや》なの……。

直前世《ちょくぜんせ》はアメリカ映画で活躍《かつやく》した世界的大女優

竹内　ハリウッドで活躍《かつやく》された方ですか。

武井咲守護霊　「ハリウッド」っていう言い方になるかどうかは分かりませんが、まあ、そうかなあ……。ハリウッドと言えばハリウッドなのかなあ。

竹内　ハリウッドと言えばハリウッド？

武井咲守護霊　ハリウッドと言うべきなんでしょうかねえ。アメリカ映画なら、ハリウッドですか。

竹内　グレース・ケリーは違《ちが》います？

武井咲守護霊　うーん……、違います。

竹内　もっと古い時代ですか。

武井咲守護霊　……そう、ずっと古くないです。

グレース・ケリー（1929 ～ 1982）
「クール・ビューティー」と称されたアメリカの女優で、モナコ公妃となった。「喝采」でアカデミー主演女優賞受賞。

竹内　（ほかの質問者に）何か知っています？

小田　グレタ・ガルボとか……。

竹内　白黒の時代ですよね？

武井咲守護霊　まあ、カラーも入ってたかもしれませんが（笑）。アメリカは、カラーになるのが早かったですから。

竹内　はい。

グレタ・ガルボ（1905～1990）
ハリウッド初期の伝説的女優で、アカデミー主演女優賞に３度ノミネート。出演作「肉体と悪魔」「アンナ・カレーニナ」「椿姫」「ニノチカ」等。

武井咲守護霊　日本と違って早かったので、もう……。これは、ちょっと生意気なので、たぶん……。

竹内　女優さんですよね？

武井咲守護霊　そうです。これは、たぶん、怒《おこ》られる可能性が……。

小田　オードリー・ヘップバーン？

武井咲守護霊　……そうです。

オードリー・ヘップバーン（1929 ～ 1993）
イギリスの伝説的女優。映画「ローマの休日」でアカデミー主演女優賞を受賞。その後、「麗しのサブリナ」「尼僧物語」「ティファニーで朝食を」「マイ・フェア・レディ」「暗くなるまで待って」等、出演作品が大人気を博す。アカデミー賞の他にもエミー賞やグラミー賞、トニー賞も受賞している。後半生は福祉活動を中心に送り、ユニセフ親善大使として途上国への援助を献身的に続けた。「20世紀最高の美女」「史上最高の美女」アンケートで第1位となっている。

竹内　ええっ!?　オードリー・ヘップバーン？

武井咲守護霊　だから、だから、叩かれると……、叩かれ……。

竹内　つい最近ですよね。

武井咲守護霊　いや、最近なんです。

竹内　では、すぐに生まれてこられたのですか（注。オードリー・ヘップバーンは一九九三年一月死去、武井咲は同年十二月生まれ）。

武井咲守護霊　直前世《ちょくぜんせ》は、本当に最近なんです。

竹内　ああ……。

武井咲守護霊　いや、これは、絶対に叩かれるから言いたくなかったんですけど、引き出されてしまったので。

竹内　ああ、そうですか。ちょっと衝撃《しょうげき》的です（笑）。

武井咲守護霊　直前世は、そうなんです。これは、二十一歳《さい》だと叩かれるので、ちょっと、言いたくなかったんですけど。

日本での転生《てんしょう》は大阪城《おおさかじょう》に深く縁《えん》のある女性

竹内　そうしますと、やはり、その前の過去世も少し気になってくるのですが、日本での転生《てんしょう》というのも……。

武井咲守護霊　それはもう、たくさん、たくさんあります。ありますが、どれも叩かれるようなのが多いので、もう……。どうでしょうか。

竹内　では、日本での転生は、どんな感じだったのでしょうか。

武井咲守護霊　あります。それはありますけど、申し訳ない……。いやあっ、もう、許してもらえないので。先輩がたが怖《こわ》くて、それが……。

竹内　大丈夫《だいじょうぶ》です。みなさんは、それなりに……。

武井咲守護霊　いやあ……、オードリー・ヘップバーンだけで、もう許してくれないんじゃないでしょうか。

竹内　（笑）いや、もう、オードリー・ヘップバーンをおっしゃったら、ほかの転生を言っても、たぶん、大丈夫だと思います。

武井咲守護霊　いや、いやあ……。やはり、「証明してみろ」って言われると思うんで……。

竹内　いや、おそらく、これからの武井さんの人生が、それを証明していくと思います。

武井咲守護霊　「英語はしゃべれるのか」とか言われる……。ああ、困ったなあ。

竹内　日本だと、いつごろの時代になるのでしょうか。

武井咲守護霊　いやあ、幾《いく》つかあります。それは、幾つかありますけれども……。

竹内　何か、代表的なもので……。

武井咲守護霊　はあああっ……、困ったなあ。じゃあ、最近、あんまり評判がよくないのを言ったほうがいいかな。評判がよくないと……。

竹内　例えば、何時代ですか。

武井咲守護霊　うーん……。最近のドラマの描かれ方で、評判がよくなかった人を言えば、少し緩和《かんわ》されましょうか。

竹内　戦国時代ですか。

武井咲守護霊　うーん、とか……。

竹内　女性？

武井咲守護霊　ええ、ええ、ええ。

竹内　もしかして、大阪城《おおさかじょう》などは関係ありますか。

武井咲守護霊　そのとおりですね。

竹内　（笑）豊臣秀頼《とよとみひでより》のお母さん……。

武井咲守護霊　そうですねえ。

竹内　淀君《よどぎみ》（茶茶《ちゃちゃ》）ですか？

淀殿（1569頃～1615）
戦国時代の武将・浅井長政の三姉妹の長女・茶茶として生まれる。母のお市の方は戦国一の美女と称され、その美貌を受け継いだといわれる。織田信長の姪に当たり、のちに豊臣秀吉の側室となる。秀吉没後は、嫡男・秀頼の生母として実権を握るも、やがて徳川家康と対立し、大坂夏の陣で敗れる。（上：奈良県立美術館所蔵『伝 淀殿画像』）

武井咲守護霊　ええ。ここ最近のＮＨＫ（大河《たいが》ドラマ「軍師官兵衛《ぐんしかんべえ》」）での描き方は悪かったですから。

竹内　ああ、あれは、少し描き方が……。

武井咲守護霊　あれなら人気がなくて、いいですかね？

竹内　ああ……。

ドラマで不本意な描かれ方をされた過去世《かこぜ》

武井咲守護霊　でも、実際は、ああいう方ではなかったんですけど……。

竹内　違う？

武井咲守護霊　（大河ドラマで）描かれてるような……。

竹内　どういう方だったのですか。

武井咲守護霊　年齢《ねんれい》的なものもあって、男の勢力抗争《こうそう》に巻き込《こ》まれたので、ああなりましたけど、「描かれ方が少し悪かったかな」とは思っています。

ちょっと、不本意な描かれ方ではあるんですけども、まあ、結果的には、「傾《けい》国《こく》の美女」になってしまった、国を傾《かたむ》けたことになってしまったかもしれません。

でも、悪女ではなかったと、私は思っています。そういう、それはなかった……。

竹内　ええ。やはり、「女神として、実は、何らかの神の精神を宿していらした」ということなのですね。

武井咲守護霊　私はそのつもりでいるんですが、ちょっと、描かれ方が悪かったので……。

竹内　そうですね。あれは、黒田官兵衛側からの目線で描かれていましたからね。

武井咲守護霊　ええ。そう描かれたので、まあ、あれだと、憎《にく》まれていると思われますけど……。

あの世ではエル・カンターレをお世話する者の一人

竹内　では、最後になりますが、大川隆法総裁が、武井咲さんのことを評価されていまして、「エル・カンターレとのご縁《えん》」というのは、何かあるのではないかと思っているのですが。

武井咲守護霊　それは、あの世で、ときどきお世話をしてますから。

竹内　「あの世でお世話をしている」?

武井咲守護霊　はい。だって、エル・カンターレも、独《ひと》りで住んでいては、ご不自由されるでしょう?

竹内　はい。

武井咲守護霊　ですから、お世話をする方々は、やっぱり、男女共にいらっしゃいますので。（竹内に）あなた様もそうでしょうけども。

竹内　ああ、はい……。

武井咲守護霊　たぶん、お世話をなされている方だと思いますけど、私も、その〝お仲間〟です。

竹内　では、そうしますと、いつかの時代で、何らかのご縁があったとは……。

武井咲守護霊　それは畏《おそ》れ多いので、もう、そこだけは言ってはならないと……。

竹内　うーん……。

武井咲守護霊　ここには、美しゅうお嬢様《じょうさま》が二人いらっしゃるんで、それだけは言ってはならないと思います。

竹内　はい、そうですか。

武井咲守護霊　ええ。

「今後も女優として生き残れるか分からないから話せない」

竹内　では、やはり、エル・カンターレとは、非常に深い縁があるわけですね。

武井咲守護霊　はい。あります。あります。

でも、こういう言い方はリスクがあるので、「私が、三十歳で、まだ女優として生き残っているかどうか、二十五歳で生き残っているかどうかが分からない」という状況《じょうきょう》でそう言うのは、ちょっと……。おたく様に迷惑《めいわく》をかけてはいけないので。

最近だと、小保方《おぼかた》様を、みんなが敵になってるところを応援《おうえん》されたことで、何か、連帯して、少し（マスコミから）責められているようなところがありましたが、そんなふうになったら嫌なので（注。二〇一四年四月八日、STAP《スタップ》細胞《さいぼう》に関する論文のなかのミスについて、理研《りけん》から「研究不正」「改竄《かいざん》」と指摘《してき》され、バッシングを受けていた小保方晴子《はるこ》氏の守護霊霊言《しゅごれいれいげん》を行った。『小保方晴子さん守護霊インタビュー それでも「STAP細胞」は存在する』〔幸福の科学出版刊〕参照）。

もし、私が没落《ぼつらく》したり、人気が地に落ちて消えてしまったりしたときに、「ああ、あれを、オードリー・ヘップバーンだって言ってたんだって？ あの宗教は。狂《くる》ってるねえ」みたいな感じで言われるのは、私は嫌なので、できるだけ、そういうことは、あんまり……。

竹内 武井咲さんの今後の姿を見れば、それは証明されていくと思います。

武井咲守護霊 厳しい世界なので、もう本当に燃え尽《つ》きちゃうかもしれないので、分かりません。

竹内　（ほかの質問者に）何かありますか。よろしいですか。

愛染　はい。

「私は『美や愛や希望の世界』を中心に生きている者」

武井咲守護霊　いやあ、おたくで雇《やと》っていただいても、本当によかったんですけれども、もう、ちょっと……。

小田　（笑）

竹内　ええ、ぜひ、いつでも（笑）……。

武井咲守護霊　いや、「いつでも」と言っても、その……。そういう仏縁《ぶつえん》・神縁《しんえん》から見ればねえ、こういうところ（幸福の科学）に出ても、本当はよかったんですけど、たまたま……。

竹内　武井咲さんには、ご自分から発しているものに、多くの人に伝わっているものがあると思います。

武井咲守護霊　うーん……。まあ、「美の世界」、「美や愛や希望の世界」を中心に生きている者だと思いますし、私の知っている魂《たましい》も、このあたりにかなりいらっしゃいますので。

ただ、そういうものを、まだ信じない方が大多数ですので。日本でも、まだ大多数ですので、声を大きくしては言えないことかとは思いますけども。ここ（幸福の科学）では、確か、小川知子《おがわともこ》さんっていう女優の方が活躍なされたと思いますけども、大先輩だと思って……。

竹内　そうですね。お知り合いなのですか。

武井咲守護霊　ええ。まあ、霊界《れいかい》ではね。

竹内　ああ……。それは、どういうご縁で……。

武井咲守護霊　いや、それについては、別途《べっと》、（霊言を）されるべきだと思います。

竹内　あっ、はい。

武井咲守護霊　今日の私の霊言に、「女神の条件」っていう題を付けようとされてたのを、ご遠慮《えんりょ》申し上げたぐらいですので。「小川知子さんに取っておかれたほうが、よろしいと思います」ということで、ご遠慮申し上げたので。

竹内　はい。

武井咲守護霊　「時間よ、止まれ」が、そのとおりで、私は、〝今だけ〟がいい女優です。今が旬《しゅん》で、先はないかもしれません。タケノコも伸《の》びたら、もう、食べてはもらえないので。

竹内　今後のご活躍を、本当に期待しています。

今日は、幸福の科学や、幸福の科学グループのほうに、貴重なアドバイスをたくさん頂きました。

武井咲守護霊　ええ。

竹内　まことにありがとうございました。

武井咲守護霊　また、何か神縁があって、どこかでお役に立てることがあれば、ありがたいと思います。

（幸福の科学が）きっと、立派な映画会社なんかを立ち上げられて、ハリウッド級の映画なんかをおつくりになられるときには、一度、お呼びくだされればありがたいかなと思っています。

竹内　はい。ありがとうございました。

小田　ありがとうございます。頑張《がんば》ります。

10 日本発、世界で活躍《かつやく》する女優へ

日本発で世界まで行くであろう女優・武井咲

大川隆法　やっぱり、なかなかの大物でございましたね。

竹内　はい。

大川隆法　何か感じるだけのものはあったようです。

竹内　すごい速度で生まれていらっしゃるんですね。間《あいだ》が、もう……。

大川隆法　いや、おそらく、これはかなりのところまで行くでしょう。オードリー・ヘップバーンだったら、きっと、そうとうのところへ行くと思います。日本発、世界に行きますね。

小田　オードリー・ヘップバーンは、「世界の恋人《こいびと》」って言われていましたからね。

大川隆法　ええ。最近、得た技能を、まだまだ生かすつもりでしょう。うーん、これは行きますね。たぶん、日本発で、世界まで行く人でしょう。まあ、〝おじさま〟が陰《かげ》ながら応援《おうえん》しておりますので、どうか、頑張《がんば》ってください（笑）。私どもが、直接かかわれるようなことがあるかどうかは、ちょっと分かりませんが。

それから、今日の話からすると、当会のスター養成部や、ニュースター・プロダクションで活躍《かつやく》なされる方々が、何か勉強のヒントを得たら、今、幸福の科学の教学をしていることが、そのまま役に立たないことはないということです。「思いは一緒《いっしょ》なんだ」ということですね。

確かに、素質は高い方ではあるのでしょう。やはり、スーパースターの素質を持っている方なのだと思います。

ただ、意外に精神的な距離《きょり》は近いということでしょう。

最初は小さくとも、努力して道を拓《ひら》いていこう

大川隆法　オードリー・ヘップバーンですか。ティファニーが、もう、商品を全部献品《けんぴん》してしまいそうですね（笑）。本物であれば、武井咲さんに、店を空《から》に

して、丸ごと、「宣伝してくださるんだったら、どうぞ差し上げます。全店、空にします」というくらいの感じかもしれません（笑）。参《まい》りました。まあ、でも、やはりそのクラスだったということですね。そうとうでしょう。これは、けっこう行くでしょうね。

竹内　かなり、世界的な女優になるでしょうね。

大川隆法　なりますね。これは、英語を勉強しなくてはいけませんね。

竹内　そうですね。英語は……、どうなんでしょうね？（笑）

大川隆法　あまり、できていないかもしれません（笑）（会場笑）。これからやらなければいけないのではないでしょうか。
まあ、当会のほうにも、かすかな希望の光があったでしょうか。

小田　はい。どうもありがとうございました。

大川隆法　そうですか。

小田　たいへん勉強になりました。

大川隆法　「ハリウッド級の映画をつくるのなら呼んでくれ」ということです。

小田　はい（笑）。

大川隆法　大変だ。それを聞いて、震《ふる》えている人がいるかもしれない。ブルブルッとしている人がいるかもしれませんがね。

まあ、アニメでアカデミー賞を狙《ねら》っているのですが、「次は実写で」ということで（笑）、やはり、大人用には実写も必要になってくるかもしれないですね。いずれ、そのようになりたいと思っています。

最初は小さくてもよいのですけれども、自分たちで努力して道を拓《ひら》かないといけないでしょう。「見方を変えることからスタートしなければいけない」ということを若い方に教えていただきました。

小田　はい。

大川隆法　（手を一回叩《たた》く）じゃあ、ありがとうございました。

一同　ありがとうございました。

あとがき

「ティファニーで朝食を」という映画は、女性の自由と美と憧《あこが》れを象徴する一作だった。武井咲さんの霊査で直前世《ちょくぜんせ》がオードリー・ヘップバーンと判定された時には、「時間よ、止まれ。」ではなくて、私の心臓のほうが止まりそうになった。

昔、ニューヨークのティファニー本店に、オードリーという名のベテラン女性店員がいて、ヨレヨレ帽子、黒メガネ、クタビレたブレザーにリーボック姿の私を見て、観光客に紛《まぎ》れ込んでいるつもりだったのに、「あなた、ジャパニーズV

ＩＰね。」と話しかけて、オードリー・ヘップバーンの自慢を始めたのを憧《おも》い出す。

おそらくは「ローマの休日」の頃のヘップバーンが世界で一番、無邪気《むじゃき》で清純な美しさを演じ切っていたと思うが、武井咲さんの中に私はそれを視《み》ていたのかもしれない。

この新しい時代が始まる予感が本物であり、日本に、そして世界へと影響力が広がっていくことを期待している。

二〇一五年　一月六日

幸福《こうふく》の科学《かがく》グループ創始者兼総裁《そうししゃけんそうさい》　大川隆法《おおかわりゅうほう》

『時間よ、止まれ。』大川隆法著作関連書籍

『実戦起業法』（幸福の科学出版刊）
『高倉健　男のケジメ』（同右）
『堺雅人の守護霊が語る　誰も知らない「人気絶頂男の秘密」』（同右）
『「イン・ザ・ヒーローの世界へ」――俳優・唐沢寿明の守護霊トーク――』（同右）
『人間力の鍛え方――俳優・岡田准一の守護霊インタビュー――』（同右）
『魅せる技術――女優・菅野美穂　守護霊メッセージ――』（同右）
『「神秘の時」の刻み方――女優・深田恭子　守護霊インタビュー――』（同右）
『俳優・木村拓哉の守護霊トーク「俺が時代を創る理由」』（同右）
『小保方晴子さん守護霊インタビュー
それでも「ＳＴＡＰ細胞」は存在する』（同右）

時間《じかん》よ、止《と》まれ。

―― 女優・武井咲とその時代 ――

2015年1月15日　初版第1刷

著　者　　大《おお》川《かわ》隆《りゅう》法《ほう》

発行所　　幸福の科学出版株式会社

〒107-0052 東京都港区赤坂2丁目10番14号
TEL(03)5573-7700
http://www.irhpress.co.jp/

印刷・製本　株式会社 東京研文社

落丁・乱丁本はおとりかえいたします

ISBN978-4-86395-631-5 C0076
写真：時事

大川隆法霊言シリーズ・人気の秘密に迫る

「神秘の時」の刻み方

女優・深田恭子 守護霊インタビュー

人気女優・深田恭子の神秘的な美しさには、どんな秘密が隠されているのか？ 彼女の演技観、結婚観から魂のルーツまで、守護霊が語り明かす。

1,400円

魅せる技術

女優・菅野美穂 守護霊メッセージ

どんな役も変幻自在に演じる演技派女優・菅野美穂――。人を惹きつける秘訣や堺雅人との結婚秘話など、その知られざる素顔を守護霊が明かす。

1,400円

堺雅人の守護霊が語る 誰も知らない「人気絶頂男の秘密」

個性的な脇役から空前の大ヒットドラマの主役への躍進。いま話題の人気俳優・堺雅人の素顔に迫る110分間の守護霊インタビュー！

1,400円

※表示価格は本体価格（税別）です。

大川隆法 霊言シリーズ・人気の秘密に迫る

高倉健　男のケジメ

死後 17 日目、胸中を語る

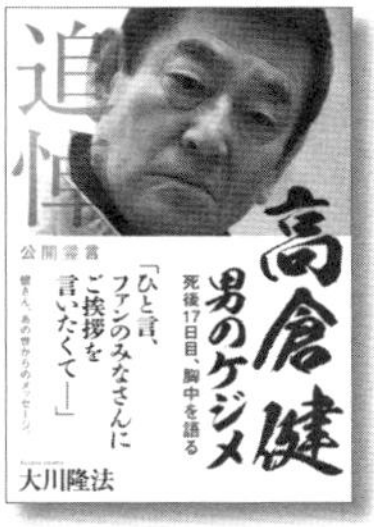

ファンや関係者のために、言い残したことを伝えに帰ってきた――。日本が世界に誇る名優・高倉健が、「あの世」からケジメのメッセージ。

1,400 円

「イン・ザ・ヒーローの世界へ」―俳優・唐沢寿明の守護霊トーク―

実力派人気俳優・唐沢寿明は、売れない時代をどう乗り越え、成功をつかんだのか。下積みや裏方で頑張る人に勇気を与える〝唐沢流〟人生論。

1,400 円

人間力の鍛え方

俳優・岡田准一の守護霊インタビュー

「永遠の 0」「軍師官兵衛」の撮影秘話や、演技の裏に隠された努力と忍耐、そして心の成長まで、実力派俳優・岡田准一の本音に迫る。

1,400 円

俳優・木村拓哉の守護霊トーク「俺《オレ》が時代《トレンド》を創る理由《わけ》」

トップを走り続けて 20 年。なぜキムタクは特別なのか? スピリチュアルな視点から解き明かす、成功の秘密、絶大な影響力、魂のルーツ。

1,400 円

幸福の科学出版

大川隆法 霊言シリーズ・成功の秘密を探る

AKB48 ヒットの秘密

マーケティングの天才・秋元康に学ぶ

放送作家、作詞家、音楽プロデューサー。30年の長きに渡り、芸能界で成功し続ける秘密はどこにあるのか。前田敦子守護霊の言葉も収録。

1,400円

「宮崎駿アニメ映画」創作の真相に迫る

宮崎アニメの魅力と大ヒット作を生み出す秘密とは? そして、創作や発想の原点となる思想性とは? アニメ界の巨匠の知られざる本質に迫る。

1,400円

ウォルト・ディズニー「感動を与える魔法」の秘密

世界の人々から愛される「夢と魔法の国」ディズニーランド。そのイマジネーションとクリエーションの秘密が、創業者自身によって語られる。

1,500円

マイケル・イズ・ヒア!

マイケル・ジャクソン
天国からのメッセージ

マイケル・ジャクソン、奇跡の復活! 彼が天国に還って見たもの、体験したこと、感じたこととは? そして、あの世でも抱き続ける「夢」とは何か。

1,400円

※表示価格は本体価格(税別)です。

大川隆法 霊言シリーズ・女神からのメッセージ

天照大神《あまてらすおおみかみ》の未来記

この国と世界をどうされたいのか

日本よ、このまま滅びの未来を選ぶことなかれ。信仰心なき現代日本に、この国の主宰神・天照大神から厳しいメッセージが発せられた！

1,300円

竜宮界の秘密

豊玉姫が語る古代神話の真実

記紀神話や浦島伝説の真相とは？ 竜宮界の役割とは？ 美と調和、透明感にあふれた神秘の世界の実像を、竜宮界の中心的な女神・豊玉姫が明かす。

1,400円

北条政子の幸福論
―嫉妬・愛・女性の帝王学―

現代女性にとっての幸せのカタチとは何か。夫である頼朝を将軍に出世させ、自らも政治を取り仕切った北条政子が、成功を目指す女性の「幸福への道」を語る。

1,500円

大川隆法ベストセラーズ・女性の幸福を考える

女性らしさの成功社会学

女性らしさを「武器」にすることは可能か

男性社会で勝ちあがるだけが、女性の幸せではない――。女性の「賢さ」とは?「あげまんの条件」とは?あなたを幸運の女神に変える一冊。

1,500円

夫を出世させる「あげまん妻」の10の法則

これから結婚したいあなたも、家庭をまもる主婦も、社会で活躍するキャリア女性も、パートナーを成功させる「繁栄の女神」になれるヒントが、この一冊に!

1,300円

父と娘のハッピー対談②

新時代の「やまとなでしこ」たちへ

大川隆法　大川咲也加　共著

新時代の理想の女性像に思いを巡らせた父と娘の対談集・第二弾。女性らしさの大切さや、女性本来の美徳について語られる。

1,200円

※表示価格は本体価格(税別)です。

大川隆法「法シリーズ」・**最新刊**

智慧の法

法シリーズ
第21作

心のダイヤモンドを輝かせよ

現代における悟りを多角的に説き明かし、
人類普遍の真理を導きだす――。
「人生において獲得すべき智慧」が、
今、ここに語られる。
著者渾身の「法シリーズ」最新刊

2,000円

第１章　繁栄への大戦略
――一人ひとりの「努力」と「忍耐」が繁栄の未来を開く
第２章　知的生産の秘訣　――付加価値を生む「勉強や仕事の仕方」とは
第３章　壁を破る力　――「ネガティブ思考」を打ち破る「思いの力」
第４章　異次元発想法　――「この世を超えた発想」を得るには
第５章　智謀のリーダーシップ　――人を動かすリーダーの条件とは
第６章　智慧の挑戦　――憎しみを超え、世界を救う「智慧」とは

幸福の科学出版

幸福の科学グループのご案内

宗教、教育、政治、出版などの活動を通じて、地球的ユートピアの実現を目指しています。

宗教法人　幸福の科学

一九八六年に立宗。一九九一年に宗教法人格を取得。信仰の対象は、地球系霊団の最高大霊、主エル・カンターレ。世界百カ国以上の国々に信者を持ち、全人類救済という尊い使命のもと、信者は、「愛」と「悟り」と「ユートピア建設」の教えの実践、伝道に励んでいます。

（二〇一五年一月現在）

愛

幸福の科学の「愛」とは、与える愛です。これは、仏教の慈悲《じひ》や布施《ふせ》の精神と同じことです。信者は、仏法真理をお伝えすることを通して、多くの方に幸福な人生を送っていただくための活動に励んでいます。

悟り

「悟り」とは、自らが仏の子であることを知るということです。教学《きょうがく》や精神統一によって心を磨き、智慧《ちえ》を得て悩みを解決すると共に、天使・菩薩《ぼさつ》の境地を目指し、より多くの人を救える力を身につけていきます。

ユートピア建設

私たち人間は、地上に理想世界を建設するという尊い使命を持って生まれてきています。社会の悪を押しとどめ、善を推し進めるために、信者はさまざまな活動に積極的に参加しています。

海外支援・災害支援

国内外の世界で貧困や災害、心の病で苦しんでいる人々に対しては、現地メンバーや支援団体と連携して、物心両面にわたり、あらゆる手段で手を差し伸べています。

自殺を減らそうキャンペーン

年間約３万人の自殺者を減らすため、全国各地で街頭キャンペーンを展開しています。

公式サイト **www.withyou-hs.net**

ヘレンの会

ヘレン・ケラーを理想として活動する、ハンディキャップを持つ方とボランティアの会です。視聴覚障害者、肢体不自由な方々に仏法真理を学んでいただくための、さまざまなサポートをしています。

公式サイト **www.helen-hs.net**

INFORMATION

お近くの精舎・支部・拠点など、お問い合わせは、こちらまで！

幸福の科学サービスセンター

TEL. 03-5793-1727（受付時間 火～金：10～20時／土・日：10～18時）

宗教法人 幸福の科学 公式サイト happy-science.jp

教育

学校法人　幸福の科学学園

学校法人　幸福の科学学園は、幸福の科学の教育理念のもとにつくられた教育機関です。人間にとって最も大切な宗教教育の導入を通じて精神性を高めながら、ユートピア建設に貢献する人材輩出を目指しています。

幸福の科学学園

中学校・高等学校（那須本校）
2010年4月開校・栃木県那須郡（男女共学・全寮制）
TEL **0287-75-7777**
公式サイト **happy-science.ac.jp**

関西中学校・高等学校（関西校）
2013年4月開校・滋賀県大津市（男女共学・寮及び通学）
TEL **077-573-7774**
公式サイト **kansai.happy-science.ac.jp**

ハッピー・サイエンス・ユニバーシティ（HSU）
TEL **03-6277-7248**（HSU準備室）

仏法真理塾「サクセスNo.1」 TEL **03-5750-0747**（東京本校）
小・中・高校生が、信仰教育を基礎にしながら、「勉強も『心の修行』」と考えて学んでいます。

不登校児支援スクール「ネバー・マインド」 TEL **03-5750-1741**
心の面からのアプローチを重視して、不登校の子供たちを支援しています。
また、障害児支援の**「ユー・アー・エンゼル！」運動**も行っています。

エンゼルプランV TEL **03-5750-0757**
幼少時からの心の教育を大切にして、信仰をベースにした幼児教育を行っています。

シニア・プラン21 TEL **03-6384-0778**
希望に満ちた生涯現役人生のために、年齢を問わず、多くの方が学んでいます。

NPO 活動支援

いじめから子供を守ろうネットワーク

学校からのいじめ追放を目指し、さまざまな社会提言をしています。また、各地でのシンポジウムや学校への啓発ポスター掲示等に取り組む一般財団法人「いじめから子供を守ろうネットワーク」を支援しています。

公式サイト **mamoro.org**
相談窓口 **TEL.03-5719-2170**
ブログ **blog.mamoro.org**

政治

幸福実現党

内《ない》憂《ゆう》外《がい》患《かん》の国難に立ち向かうべく、二〇〇九年五月に幸福実現党を立党しました。創立者である大川隆法党総裁の精神的指導のもと、宗教だけでは解決できない問題に取り組み、幸福を具体化するための力になっています。

党員の機関紙
「幸福実現NEWS」

TEL 03-6441-0754
公式サイト hr-party.jp

出版メディア事業

幸福の科学出版

大川隆法総裁の仏法真理の書を中心に、ビジネス、自己啓発、小説など、さまざまなジャンルの書籍・雑誌を出版しています。他にも、映画事業、文学・学術発展のための振興事業、テレビ・ラジオ番組の提供など、幸福の科学文化を広げる事業を行っています。

アー・ユー・ハッピー？
are-you-happy.com

ザ・リバティ
the-liberty.com

幸福の科学出版
TEL 03-5573-7700
公式サイト irhpress.co.jp

THE FACT

ザ・ファクト
マスコミが報道しない
「事実」を世界に伝える
ネット・オピニオン番組

Youtubeにて
随時好評配信中！

ザ・ファクト 検索

入会のご案内

あなたも、幸福の科学に集い、
ほんとうの幸福を
見つけてみませんか？

幸福の科学では、大川隆法総裁が説く仏法真理をもとに、
「どうすれば幸福になれるのか、また、
他の人を幸福にできるのか」を学び、実践しています。

入会

大川隆法総裁の教えを信じ、学ぼうとする方なら、どなたでも入会できます。入会された方には、『入会版「正心法語」』が授与されます。（入会の奉納は1,000円目安です）

ネットでも**入会**
できます。詳しくは、
下記URLへ。
happy-science.jp/joinus

三帰《さんき》誓願《せいがん》

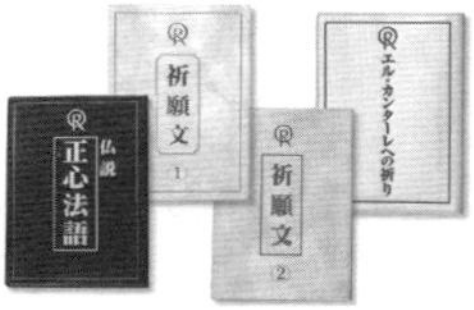

仏弟子としてさらに信仰を深めたい方は、仏・法・僧の三宝への帰依を誓う「三帰誓願式」を受けることができます。三帰誓願者には、『仏説・正心法語』『祈願文①』『祈願文②』『エル・カンターレへの祈り』が授与されます。

植福《しょくふく》の会

植福は、ユートピア建設のために、自分の富を差し出す尊い布施の行為です。布施の機会として、毎月1口1,000円からお申込みいただける、「植福の会」がございます。

「植福の会」に参加された方のうちご希望の方には、幸福の科学の小冊子（毎月1回）をお送りいたします。詳しくは、下記の電話番号までお問い合わせください。

月刊
「幸福の科学」

ザ・伝道

ヤング・ブッダ

ヘルメス・エンゼルズ

INFORMATION

幸福の科学サービスセンター
TEL. 03-5793-1727（受付時間 火～金：10～20時／土・日：10～18時）
宗教法人 幸福の科学 公式サイト **happy-science.jp**